설교는 어떻게 사람을 변화시키는가

헤르만 바빙크의
설교론

다함
도서출판 다함은

1. 다윗과 아브라함의 자손
아브라함과 다윗의 자손으로, 하나님 구원의 언약 안에 있는 택함 받은 하나님 나라 백성을 뜻합니다.

2. 마음과 뜻과 힘을 다하여 하나님을 사랑하라
구약의 언약 백성 이스라엘에게 주신 명령(신 6:5)을 인용하여 예수님이 가르쳐 주신 새 계명
(마 22:37, 막 12:30, 눅 10:27)대로 마음과 뜻과 힘을 다해 하나님을 사랑하겠노라는 결단과 고백입니다.

사명선언문
1. 성경을 영원불변하고 정확무오한 하나님의 말씀으로 믿으며, 모든 것의 기준이 되는 유일한 진리로 인정하겠습니다.
2. 수천 년 주님의 교회의 역사 가운데 찬란하게 드러난 하나님의 한결같은 다스림과 빛나는 영광을 드러내겠습니다.
3. 교회에 유익이 되고 성도에 덕을 끼치기 위해, 거룩한 진리를 사랑과 겸손에 담아 말하겠습니다.
4. 하나님 앞에서 부끄럽지 않도록 항상 정직하고 성실하겠습니다.

헤르만 바빙크의 설교론
설교는 사람을 어떻게 변화시키는가

초판 1쇄 발행 2021년 2월 5일
초판 2쇄 발행 2021년 3월 8일

지은이 | 헤르만 바빙크
엮은이 | 제임스 에글린턴
옮긴이 | 신호섭

교 정 | 김성민
펴낸이 | 이웅석
펴낸곳 | 도서출판 다함
등 록 | 제2018-000005호
주 소 | 경기도 군포시 산본로 323번길 20-33, 701-3호(산본동, 대원프라자빌딩)
전 화 | 031-391-2137
팩 스 | 050-7593-3175
블로그 | https://blog.naver.com/dahambooks
이메일 | dahambooks@gmail.com

디자인 | 디자인집(02-521-1474)

ISBN 979-11-90584-15-9(04230) | 979-11-90584-00-5(세트)

설교는 어떻게 사람을 변화시키는가

헤르만 바빙크의
설교론

다함
도서출판

목차

추천사

세계 최상급의 신학자가 말해주고 보여주는 설교를 접하는 것은 참으로 드문 일입니다. 하지만 여기 위대한 헤르만 바빙크가 그것을 우리에게 보여주고 있습니다. 신학적 실체와 감동적인 웅변술의 조화, 그리고 "엄숙함과 열정의 기름부음"의 조합을 요구하는 웅변술에 대한 그의 논의는 우리에게 놀라운 메시지를 던져줍니다. 한 세기 이전에 바빙크가 말한 것은 오늘날에도 여전히 진리입니다. "현재 우리의 설교는 적실성이 없으며 시대의 요구에 부합되지 있습니다." 이 책은 우리 시대의 설교의 도전에 직면할 수 있도록 우리를 도와줄 것입니다.

- 팀 켈러 (뉴욕 리디머 장로교회)

우리들 가운데 많은 이들은 최근 수년 동안 신학자로서 바빙크가 놀랍게도 오늘날 우리 시대의 정황에 맞게 명백하고 강력한 방식으로 말해왔음에 큰 감동을 받았습니다. 이제 우리는 바빙크의 목소리에 감사해야 할 또 다른 이유가 생겼습니다. 이 놀라운 책에서 바빙크는 설교의 양식과 내용과, 더 광범위한 예배의 형식 속에서의 설교의 자리에 관하여, 그리고 그 이상의 것들에 대해 오늘날의 설교자들에게 지혜로운 조언을 주고 있습니다. 오, 주님! 많은 설교자들과 설교의 교사들이 이 책을 읽게 하옵소서!

- 리처드 마우 (풀러 신학교 총장, 신앙과 공적 생활 석좌교수)

목회 사역에서 조직신학의 역할은 설교가 반드시 항상 머물러야 할 정통성의 장의 한계를 정해주는 것 그 이상이어야 합니다. 건강한 교리는 단순히 오류와 실책으로부터 지켜주는 것보다 많은 일을 합니다. 조직신학은 설교자가 성경 본문을 진술하고자 할 때 창의적인 통찰력을 제공하는 비옥한 근원입니다. 이 후자의 역할에 있어서 바빙크의 네 권으로 된 『개혁교의학』이 영어로 번역된 이래 이 책은 개혁파 전통의 설교자들에게 있어서 매우 유용한 도구가 되어 왔습니다. 하지만 특정한 진리에 대한 조직신학적 제시와 성경 본문에서 나온 그 진리에 대한 설교학적 제시 사이의 간극을 교회의 유익을 위해 어떻게 연결시킬 수 있느냐는 질문에 대해 설교자는 종종 혼자 씨름하고 분투해야 합니다. 이런 의미에서 설교에 대한 바빙크의 고찰을 번역하고 편집함으로 제임스 에글린턴은 교회를 위해 큰 일을 해냈습니다. 바빙크의 수사학적으로 아름다운 「웅변술」과 그의 단순하고도 분명한 설교인 "세상을 정복하는 믿음의 능력"과 설교와 언어에 대한 그의 매혹적인 고찰이 에글린턴 박사의 유익한 개론과 함께 바빙크의 상당 부분 알려지지 않은 국면을 보여주기 위해 여기 이 책에 모두 수록되어 있습니다. 여기 이 책에서 우리는 위대한 조직신학자가 교회를 섬기는 모습과, 우리를 위해 교리적 심오함과 목회의 열정 그리고 설교의 단순성을 어떻게 연결시키는지를 제시해주는 모델을 보게 될 것입니다.

- 데이비드 스트레인 (미시시피 잭슨 제일장로교회 담임목사)

『헤르만 바빙크의 설교론』은 20세기 네덜란드 개혁주의 신학자인 헤르만 바빙크의 설교에 관한 글들을 제임스 에글린턴이 번역, 편집한 책입니다. 교의학자인 바빙크가 목회자와 설교자로서 설교의 문제를 다루었다는 것은 전혀 놀랄 일이 아닙니다. 왜냐하면 신학은 결국 선포를 위한 것이기 때문입니다. 바빙크의 유일한 설교 인쇄본인 「세상을 정복하는 믿음의 능력」(요일 5:4下)은 자신의 『웅변술』과 「설교와 예배」에서 언급한 성경에 바탕을 둔 성령 하나님의 능력으로 설교하는 것을 요약적으로 밝히 드러냅니다. 21세기 한국교회 강단의 갱신과 부흥을 갈망하는 성도들과 설교자들은 개혁주의 설교의 진수를 보여주는 본서를 통해 큰 유익을 얻을 것입니다.

- 박태현 교수 (총신대학교 목회신학전문대학원 설교학 교수,

헤르만 바빙크의 『개혁교의학』 역자)

흔히 신학교 안에서는 분과주의 신학교육의 영향으로 조직신학과 설교학이 분리된 경향이 강합니다. 그러나 교회사를 살펴보거나 헤르만 바빙크와 같은 탁월한 신학자요 목회자를 자세히 살펴보면, 이 두 영역이 하나로 통합되어 있다는 사실을 알 수 있습니다. 헤르만 바빙크 역시 세계적인 칼빈주의 조직신학자로만 이해하고 있는 반면에, 실상 그가 그 어느 목회자/설교자 못지않게 교회 신자들을 향하여 하나님의 말씀을 전하고 가르치는 일에 헌신적이었다는 사실을 놓치곤 합니다. 본서에서 우리가 주목하는 실제 그의 모습은 무엇보다도 하나님의 말씀의 진리를 향한 헌신과 아울러 그 진리의 말씀이 주님의 몸된 교회와 신자들에게 적실하고도 감동적으로 선포했던 설교자의 모습입니다. 본서는 내덜란드의 세계적인 칼빈주의 신학자 헤르만 바빙크의 「웅변술」 강의와 아울러 그의 현존하는 유일한 설교문이 수록되어 있습니다. 본서를 통해서 국내 독자들이 세계적인 칼빈주의 신학자이자 설교자였던 헤르만 바빙크의 심오한 설교의 세계와 그 풍

성한 깊이를 맛볼 수 있기를 기대하며 일독을 권합니다.

- 이승진 교수 (합동신학대학원대학교 설교학 교수)

최고의 개혁주의 신학자 헤르만 바빙크는 낯선 존재가 아닙니다. 하지만 설교자로서 바빙크의 면모는 생소합니다. 『헤르만 바빙크의 설교론』은 생소한 바빙크의 모습, 설교자로서 바빙크를 더 듬어 볼 수 있도록 만들어진 세 조각 퍼즐과 같습니다. 첫째 조각은 바빙크의 논문입니다. 설교와 설교자에 관한 바빙크의 생각이 명료하게 담겨있습니다. 둘째 조각은 세상에 남은 유일한 바빙크의 설교문입니다. 바빙크가 가진 설교에 관한 생각이 실제 설교로 어떻게 구현되는지 생생히 드러납니다. 셋째 조각은 일급 바빙크 연구자 제임스 이글린턴이 쓴 바빙크 전기입니다. 바빙크도 설교자로서 도전에 직면하고, 자신의 무력함 앞에서 고뇌하고, 청중의 성장을 보며 환희했습니다. 이 세 조각 퍼즐을 더듬다 보면 설교자 바빙크가 친숙해질 것입니다. 그리고 설교자 바빙크도 우리에게 가르쳐 줄 것이 많다는 사실을 알게 될 것입니다.

- 조광현 (고려신학대학원 설교학 교수)

감사의 글

이 책의 집필을 마치는 데 도움을 준 몇몇 친구와 동료와 학생들에게 감사를 드립니다. 산더 클라세(Sander Klaasse, 에든버러 대학교 박사과정 학생)는 『웅변술』(Eloquence)에 대한 번역을 검토하는 데 아낌없이 많은 시간을 할애해 주었습니다. 마리누스 드 용(Marinus de Jong, 깜쁜 신학대학교 박사과정 학생)은 몇몇 고어로 된 구절의 의미를 명료화하는 데 도움을 주었습니다. 미하엘 브로이티감(Michael Bräutigam, 멜버른 신학교)과 브루스 파스(Bruce Pass, 에든버러 대학교 박사과정 학생)는 바빙크의 독일어 인용문을 번역한 것에 대해 귀한 조언을 해 주었습니다. 코리 브록(Cory Brock, 에든버러 대학교 박사과정 학생)은 친절하게도 제가 쓴 서론에 대한 의견을 제공했습니다.

일부 번역 작업은 프린스턴 신학교에 머무는 동안 끝낼 수 있었는데, 이는 아브라함 카이퍼 방문 장학금을 수여 받았기에 가능한 일이었습니다. 따라서 저는 프린스턴 신학교의 공공 신학을 위한 아브라함 카이퍼 센터에 감사의 말씀을 드립니다. 저는 암스테르담 자유대학교(Vrije Universiteit Amsterdam)의 탁월한 역사적 문헌 정보 서비스를 통해 바빙크의 미공개 자료들을 연구할 수 있었습니다. 아울러 제가 연구년을 지내는 동안 환대해준 마리누스(Marinus)와 비비나 드 용(Wibbina de Jong)에게 감사합니다. 출판에 이르기까지 이 프로젝트에 중대한 역할을 수행함으로 친절과 열정을 보여준 헨드릭슨 출판사의 그렉 파커(Greg Parker)에게 큰 빚을 졌습니다.

나의 멘토이자 친구인 조지 하링크(George Harinck)에게 이 책을 바칩니다.

이 책의 내용 가운데 오류와 결점은 모두 저의 것임을 밝히는 바입니다.

제임스 에글린턴 박사

에든버러

2016년 9월

한국어판 서문

"설교자로서의 신학자"(theologian as preacher)의 모델은 기독교 역사 전체에 걸쳐 잘 알려져 있습니다. 아우구스티누스의 『고백록』(Confessiones), 『신국론』(De Civitate Dei), 그리고 『삼위일체론』(De Trinitate)과 같은 신학 저작들과 함께 우리는 그의 많은 설교에 접근할 수 있습니다. 아퀴나스의 『신학대전』(Summa Theologiae)을 보는 독자들은 천사 같은 박사의 설교를 읽을 수 있습니다. 칼뱅의 『기독교 강요』(Institutio Christianae Religionis)나 바르트의 『교회교의학』(Die Kirchliche Dogma tik)을 읽는 사람들은 이 신학자들이 설교의 과업에 어떻게 접근했는지 그저 상상에 맡길 필요가 없습니다. 그들의 많은 설교문들이 우리가 볼 수 있도록 잘 보존되었기 때문입니다.

그런데 이상하게도 20세기 초반의 위대한 신 칼빈주의자이자 교의학자인 헤르만 바빙크(1854-1921)에 대해서는 동일한 말을 할 수 없습니다. 적어도 우리는 그의 설교에 쉽게 접근할 수 있다고 말할 수 없습니다. 바빙크의 탁월한 신학 저작인 네 권의『개혁 교의학』은 우리에게 그의 교의적 사상을 상세하게 제공해줍니다. 그러나『설교론』에 대한 헤르만 바빙크의 편집된 책이 나오기 전까지는 연구부터 설교단에 이르는 과정에 대해 바빙크에게서 무엇을 배워야 하는지를 알려주는 책은 존재하지 않았습니다. 연구부터 설교단까지 가는 길은 바빙크가 종종 수행하던 일이었습니다. 성인이 된 후부터 바빙크는 자신이 몇 차례나 설교했는지, 어떤 본문을 설교했는지를 기록해 둔 설교 일기장을 가지고 있었습니다. 바빙크는 26세였던 1881년 5월까지 440여 차례 설교했고, 그가 1921년에 세상을 떠날 때까지 계속해서 설교했습니다. 설교는 바빙크의 인생에서 주요한 사역이었고, 교의학자로서의 그의 과업과 매우 긴밀한 관계가 있었습니다.

바빙크는 설교를 매우 자주 했음에도 불구하고 거의 설교 노트 없이 설교했기 때문에, 그의 설교문의 형식과 내용에 대한 정보는 거의 남아있지 않습니다. 그렇기에 이 책은 유일하게 출간된 바빙크의 설교와 함께, 어떤 설교자가 되어야 하는지에 관한 가장 중요한 간행물입니다. 또한 이 책은 하나님의 말씀을 설교하기 위해 어떤 사람이 되어야 하는지를 탐구하는 얇은 책『웅변술』 (*Eloquence*)을 엮어, 독자들에게 그의 설교에 관한 풍부한 이해를 제공하도록 저술되었습니다. 더불어 이 책은 바빙크가 자신의 시대의 설교와 상호 작용하는 것을 보여주는 다른 몇 가지 간략

한 문서들을 보여줍니다. 저는 이 책의 한국어판의 출간을 매우 기뻐하는 바입니다.

아울러 이 일에 애써주신 이웅석 대표와 다함 출판사에 감사의 말씀을 드립니다.

제임스 에글린턴 박사

에든버러 대학교

개혁신학 멜드룸 교수(Senior Lecturer)

역자 서문

헤르만 바빙크(Herman Bavinck, 1854-1921)는 네덜란드가 낳은 세계에서 가장 위대한 신학자 가운데 한 사람입니다. 그는 19-20세기를 관통하는 격변의 시기에 네덜란드의 아브라함 카이퍼와 미국의 벤자민 워필드와 더불어 가장 영향력 있는 정통 칼빈주의자였습니다. 또한 미국의 코넬리우스 반 틸과 루이스 벌코프가 바빙크의 신학적 빛 아래서 신학 작업을 수행했으며, 웨스트민스터 신학교와 칼빈 신학교의 칼빈주의적 개혁파 신학의 기풍을 이루는데 지대한 공헌을 한 인물이었습니다. 뿐만 아니라 바빙크의 최고의 역작 『개혁교의학』을 필두로 『계시철학』과 『기독교 세계관』 등과 같은 번뜩이는 작품들을 통해 개혁주의 신학의 거성으로 자리매김하고 있습니다. 데이빗 마틴 로이드-존스 박사가 뉴잉글랜드의 조나단 에드워즈를 에베레스트 산으로 비유한 바 있지만, 헤르만 바빙크야말로 20세기의 에베레스트 산이라 불릴 만합니다.

헤르만 바빙크의 설교론

하지만 이런 위대한 신학자인 바빙크가 동시에 지역교회를 담임했던 목회자요 설교자였다는 사실은 종종 매우 간과되곤 합니다. 바빙크는 1881년 북네덜란드 프라네꺼르 교회의 목사가 되었고, 설교라는 과업이 매우 어려운 사명이었다는 것을 경험하게 되면서, 점점 더 성숙한 설교자가 되어 갔습니다. 비록 바빙크의 목회 기간은 짧았지만, 이후에도 바빙크는 종종 크고 작은 집회에서 설교하며 목사의 설교와 설교에 있어서의 웅변술의 중요성을 강조하곤 했습니다. 하나님께서는 이런 바빙크의 설교를 사용하셨고, 바빙크의 설교는 신학자들과 신학생들, 그리고 성도들을 포함한 당대의 많은 사람들에게 크고 작은 영향을 끼쳤습니다.

『헤르만 바빙크의 설교론』은 바로 이런 바빙크의 실천신학적인 면모를 가장 잘 보여주는 책입니다. 이 책은 목사가 왜 신학자가 되어야 하는지 동시에 신학자가 왜 설교자가 되어야 하는지, 즉 목사-신학자로서의 설교가 어떠해야 하는지를 가장 잘 보여줍니다. 본 한역본은 스코틀랜드의 에든버러 대학교 뉴칼리지의 조직신학자이자 역사신학자인 제임스 에글린턴 교수가 번역하고 편집한 영역본[1]을 원본으로 삼아 번역했습니다. 이미 바빙크의 생

---

1 역자 주: James P. Eglinton, *Herman Bavinck on Preaching & Preachers* (Hendrickson Publishers, 2017).

애와 신학에 대한 비평적 전기[2]를 쓴 바 있는 에글린턴은 본서의 서론에서 설교자로서의 바빙크의 전기를 다룹니다. 무엇보다도 바빙크는 설교자의 아들로 태어나 그의 67년의 생애 가운데 42년을 설교했던, 설교자로 살다 설교자로 죽은 인물이었습니다. 이어서 바빙크가 1889년 11월 깜뻔 신학교에서 행한 「웅변술」에 대한 강의가 수록되어 있는데, 이 「웅변술」은 본서의 가장 많은 분량을 차지하고 있어 가장 중요한 부분이라 할 수 있습니다. 이 「웅변술」에서 바빙크는 설교자가 고려해야 할 웅변술의 원리와 본질, 그리고 형식에 대해 바빙크 특유의 논조로 설명합니다. 아울러 바빙크의 빛나는 통찰력을 엿볼 수 있는 「설교문과 예배」, 「미국의 설교에 관하여」, 그리고 「언어에 관하여」라는 작은 논문들을 번역해 실었습니다. 무엇보다도 본서가 가장 가치 있는 것은 최고의 개혁신학자 헤르만 바빙크의 현존하는 유일한 설교문[3]이 수록되어 있다는 점입니다. 이 한 가지 사실만으로도 이 책의 소장가치는 충분하다고 생각합니다. 이 설교를 통해 독자들은 진정한 개혁파 설

---

2 역자 주: James P. Eglinton, *Bavinck: A Critical Biography of Herman Bavinck* (Baker Academic, 2020). 본 전기에서 바빙크의 목회와 설교에 대해서는 "Part 3: Pastor" 107-132 부분을 참조하라.

3 역자 주: "세상을 정복하는 믿음의 능력"(The World-Conquering Power of Faith)이라는 제목의 이 설교는 1901년 6월 30일 깜뻔에 있는 부르흐발교회에서 요한일서 5장 4절 하반절을 본문으로 전한 주일설교이다. 당시 주일예배에는 남아프리카 공화국의 폴 크루거 대통령과 수행원들이 참석했다.

헤르만 바빙크의 설교론

교의 진수를 맛볼 수 있을 것입니다.

"개혁교회는 항상 개혁되어야 한다"(Ecclesia reformate semper reformanda est)는 모토는 오랫동안 개혁파 교회를 대표하는 문장(紋章)이었습니다. 하지만 강단의 개혁 없이 교회의 개혁은 요원합니다. 오늘날 한국교회의 모든 설교자들이 바빙크처럼 "세상을 정복하는 믿음의 능력"을 설교할 수 있다면 얼마나 행복할까요? 상상만 해도 가슴벅찬 일이 아닐 수 없습니다. 물론 모든 설교자가 바빙크처럼 되거나 바빙크를 그대로 모사(摹寫)할 필요는 없습니다. 하지만 적어도 이 책을 통해 바빙크가 가르쳐주는 설교와 웅변술에 주의를 기울인다면, 우리의 강단은 좀 더 효과적으로 불신앙의 견고한 진을 파하며 하나님 아는 것을 대적하여 높아진 것을 다 무너뜨리고 모든 생각을 사로잡아 그리스도에게 복종시킬 수 있을 것입니다(고후 10:5).

본서를 번역하는 기쁨과 영광을 누리는 내내 머리는 냉철해졌고 가슴은 뜨거워졌습니다. 부디 『헤르만 바빙크의 설교론』을 통해 하나님께서 다시 한 번 설교의 부흥, 강단의 부흥, 그리고 한국교회의 부흥을 폭포수와 같이 부어주시기를 간절히 기도합니다.

역자 신호섭

서론

지난 10여 년 동안 헤르만 바빙크의 『개혁교의학』(Reformed Dogmatics)[1]은 영어권 세계에서 개혁주의와 복음주의 설교자들의 신학적 표준 문서가 되었습니다. 성경에 엄밀하게 근거하고, 삼위일체 하나님을 끊임없이 의지하며, 각 교의의 전개를 의도적으로 그리스도 중심적으로 해 나갔던 바빙크는 최근 세대의 설교자들이 어떻게 신학적 과업을 조망해야 할지 보여주는 상징이 되었습니다. 바빙크는 설교자들이 교의적인 정립을 추구하기 위해 바라보아야 할 중요한 신학자로 주목 받고 있습니다. 하지만 이런 설교자들은 사실 매주 교의적인 논문들보다는 설교문을 작성하고 전달하는 데 노력을 기울여야 하는 사람들입니다. 전반적으로 볼

---

1   Herman Bavinck, *Reformed Dogmatics*, ed. *John Bolt, trans. John Vriend, 4 vols.* (Grand Rapids: Baker, 2003 – 08). 편집자 주: 헤르만 바빙크, 『개혁교의학』, 박태현 역 (서울: 부흥과개혁사, 2011).

때, 그들의 주된 과업은 설교학적인 것이라 할 수 있습니다. 바빙크의 교의학적 저작들이 성경 석의와 역사 신학을 통찰하고 특별히 현대 신학을 비평적으로 이해하는 데 도움을 줄 수는 있지만, 이런 작업들이 설교를 준비하고 전달하는 데로 정확히 어떻게 옮겨갈 수 있는지에 대한 질문은 여전히 남습니다.

이 책은 신학자인 바빙크와 오늘날 바빙크를 읽는 설교자들 사이에 묘한 간극이 있기 때문에 존재합니다. 저는 이 간극을 묘한 것으로 묘사했는데, 그 이유는 바빙크 자신이 또한 설교자였기 때문입니다. 바빙크는 1878년, 24세의 나이로 난생 처음 설교했고, 42년 후 죽음을 맞이할 때까지 정기적으로 설교했습니다. 하지만 바빙크가 어떻게 설교했는지, 그가 설교의 행위와 설교자에 대해 무엇을 어떻게 생각했는지, 오늘날 그의 『개혁교의학』의 독자들인 설교자들에게는 대부분 잘 알려져 있지 않습니다. 이는 주로 언어적 요인 때문인데, 이전에 설교에 관한 바빙크의 저작이 번역되지 않아 20세기의 상당 기간 그러한 자료에 접근하기가 상대적으로 어려웠던 것과 관련이 있습니다.

바빙크와 같은 설교자가 그 능력에 대해 거의 알지 못하는 설교자들의 세대에도 계속해서 영향력을 행사하는 것은 확실히 드문 일입니다. 이 사실을 깨닫게 되면, 즉시 다음과 같은 흥미로운 질문이 제기됩니다. 바빙크는 어떤 부류의 설교자였는가? 바빙크는 그의 제자들을 설교자로서 어떻게 훈련하려 했는가? 신 칼빈주의는 종종 특별한 형태의 설교 내용과 관련이 있습니다. 게할더스 보스(Geerhardus Vos)에 의해 구현된 구속사적 해석학(the redemptive-historical hermeneutics)은 많은 신 칼빈주의자들이 성경 본문을 그리스도의 복음과 연관시키는 특별한 방식으로 행한 설교를 제공합니다. 이는 "신 칼빈주의 설교"라는 개념과 밀접하게 연결되어 있습니다. 그러나 질문은 여전히 남아있습니다. '독특하게 **신-칼빈주의** 설교학적 방법론, 설교의 방식 또는 설교자에 관한 견해라는 것이 존재하는가?' (단순히 성경해석학의 특정한 형식이 아니라) 『개혁교의학』에서 발견되는 더 광범위한 신학적 작업이 이 연구에 뿌리를 내린다면, 강단에서 어떤 일이 일어나게 될 것인가?'

대체로 본서는 이런 질문들을 탐구하고 대답하려는 노력을 발전시킨 것입니다. 그렇게 하기 위한 첫 번째 자극은 벨기에 도미니카 신학자인 에드바르트 스힐러베이크스(Edward Schillebeeckx)에게서 받았습니다. 그는 자신의 저작 『복음을 위하여』(*For the Sake of the Gospel*)를 다음과 같은 진술로 시작합니다. "한 신학자에게 신앙과 신학과 설교는 확실히 서로 분리되기 어렵다. 그러나 그 신학자의 설교에서 그가 참으로 무엇을 생각하는지는 발견할 수 있다."[2]

---

2 Edward Schillebeeckx, *For the Sake of the Gospel* (New York: Crossroad, 1990), v.

헤르만 바빙크의 설교론

기독교 설교자 안에 내재된 신앙과 신학, 그리고 설교의 상호연관성에 대해 숙고할 부분이 많지만, 스힐러베이크스의 조언은 다음과 같은 예리한 강조점을 제시합니다. 그것은 바로 특정한 신학자의 **신학**은 그의 **설교**를 통해 발견될 수 있다는 점입니다. 그러나 우리가 오로지 그 신학자의 교의적 저작에 있는 신학만을 탐구한다면, 그러한 배움을 잃어버리게 될 것입니다. 스힐러베이크스에게는 좋은 설교란 교의, 윤리 신학, 설교자 자신의 신앙생활, 그리고 설교를 듣는 사람들의 삶을 가로지르는 것이기 때문입니다. 이 요소들이 복음을 설교하는 행위에 수렴되며 설교자와 회중을 한데 묶어줍니다. 또 다른 곳에서 스힐러베이크스는 다음과 같이 주장합니다. "순전한 설교는 기도와 인간의 경험을 통해 살아계신 하나님과 지속적으로 교제할 뿐만 아니라 신학의 근원으로 돌아가는 지속적인 훈련을 요구한다."[3] 이처럼 한 신학자의 설교가 그의 신학을 많이 드러내준다는 점은 당연한 이치입니다.

모든 신학자들이 다 설교자들은 아니기에 이런 통찰이 모든 신학자에게 적용될 수는 없습니다. 하지만 바빙크와 같이 신학자이자 동시에 설교자인 이들에게는 스힐러베이크스의 의견이 매

---

3   Edward Schillebeeckx, *The Collected Works of Edward Schillebeeckx Volume 4: World and Church* (London: T&T Clark, 2014), 31.

우 유익합니다. 설교자 바빙크를 연구하게 되면, 여러분은 더 풍성한 질감으로 그의 신학을 이해하게 될 것입니다. 이런 주장은 바빙크를 단지 신학자로만 알고 있는 설교자들, 특히 영어권 독자들 중 많은 사람들에게는 놀랄 만한 일입니다. 만일 그들이 바빙크를 동료 설교자로서 다시 알고 지내게 되면 어떤 일이 일어날까요? 그것이 그들의 설교에 비추어 그들 자신의 신학적 헌신을 더 깊이 숙고하는 일이나, 그들의 신학적 헌신에 비추어 그들의 설교를 더 깊이 고찰하는 일에 도움이 될 수 있을까요?

이 책은 설교와 설교자에 관한 바빙크의 주요 문서들과 유일하게 출판된 그의 설교문을 번역함으로써, 이런 질문들에 참여하기를 장려하고 있습니다. 이는 증가하는 바빙크의 영어 자료에 대한 추가 자료가 될 뿐만 아니라, 바빙크의 『개혁교의학』을 읽고 사색적인 훈련을 하는 설교자들을 고무시키는 것을 목표로 합니다. 바빙크는 『개혁교의학』에서 "하나님을 따라 하나님의 생각을 사유"하도록 우리를 초청합니다.[4] 번역된 이 책에서 그는 하나님의 말씀을 설교하는 것을 통하여, 그리고 그러한 설교와 관련하여, 그 사유들을 명료화하기 위해 노력합니다.

---

4 Bavinck, *Reformed Dogmatics: Prolegomena*, 44. 편집자 주: 바빙크, 『개혁교의학』, 1: 85. "하나님의 생각들을 숙고하고 그 통일성을 추적"하도록

헤르만 바빙크: 설교자로서의 전기 ————

헤르만 바빙크(1854-1921)는 1854년 12월 13일 네덜란드의 호허페인(Hoogeveen)이라는 도시에서 설교자의 아들로 태어났습니다. 그의 부친 얀 바빙크(Jan Bavinck, 1826-1909)는 본래 니더작센 주(Lower Saxoney) 벤트하임(Bentheim)에서 활동하던 개혁파 목사였습니다. 바빙크의 모친은 헤지나 마흐달레나 바빙크(Gezina Magdalena Bavinck, née Holland, 1827-1900)였습니다. 일곱 명의 자녀 가운데 둘째로 태어난 헤르만은 신학적으로 보수적이며 교회적으로 분리파인 기독개혁교회(Christelijke Gereformeerde Kerk)의 배경에서 출생했습니다. 고등학교 교육을 마친 후 헤르만은 자신의 부친이 기독개혁 측 목사로 사역하던 마을 깜쁜(Kampen)에 소재한 신학교에 신학생으로 입학했습니다. 깜쁜에서 얀 바빙크는 수년 동안 대부분을 빽빽한 설교 사역을 감당하며 보냈습니다. "주일에 세 번의 설교를 감당해야 했고, 겨울에는 여기에 주중 설교가 하나 더 추가되었다."[5] 비록 깜쁜 신

---

5 Jan Bavinck, *Een korte schets van mijn leven* (typoscript), 1906, H. Bavinck Archive, no. 346, folder 444 (Amsterdam: Historische Documentatiecentrum), 68. 이에 대한 네덜란드어 원문은 다음과 같다. "Er waren drie predikbeurten op den Rustdag des Heeren te vervullen en des winters kwam er nog eene beurt in de week bij."

학교의 교수가 이 설교들 가운데 하나를 담당하긴 했지만, 나머지 설교 사역은 모두 얀 바빙크가 책임지고 있었습니다. 그는 이 설교 사역을 눈에 띄게 훌륭히 해냈습니다.

> 오, 나는 여전히 몇몇 집회의 광경을 생생하게 기억한다. 특별히 희미한 가스등에 의지한 저녁 집회 때, 많은 회중들이 함께 모여 얼마나 진지하고 주의 깊게 설교를 듣고 있었는지! 마치 설교자의 말을 마구 집어삼키고 있는 것만 같았다. 거기에는 하나님의 말씀에 대한 주림과 목마름이 있었고, 선포되는 생명의 말씀은 주리고 목마른 영혼들의 영적 양식이자 생명의 음료였다. 나는 이 시기의 나의 사역에 열매와 복이 분명히 있었다고 믿는다.[6]

깜쁜에서의 신학교 생활 1년을 마치고 −그의 부친의 설교가 학생들과 교수들에게 따뜻하고 개인적이며 경험적인 경건으로 감명을 주던 상황에서− 헤르만은 놀랍게도 호전적인 현대 신학 교수들이 있는 레이든 대학교(the University of Leiden)에 가서 공부를

---

6 Jan Bavinck, *Een korte schets van mijn leven*, 68. 이에 대한 네덜란드어 원문은 다음과 같다. "O ik herinner mij nog levendig enkele beurten, vooral des avonds bij het gaslicht, hoe stil en aandachtig eene groote schare naar de prediking kon luisteren en de woorden van de prediker scheen opte-eten! Er was honger en dorst naar het Woord Gods en de woorden des levens waren spijze en drank voor die hongerige en dorstige zielen. Ik mag gelooven dat mijn arbeid in dit dagen niet zonder vrucht en zegen is geweest."

이어가기로 대담하게 결정합니다. 레이든의 신학은 개혁파의 깜쁜 신학교의 신학과 완전히 다른 것이었습니다. 레이든 학파는 기독교를 인류 문명의 진화 단계에서 불필요한 국면에 있는 것으로 보았고, 교회는 세속 정부에 의해 대체될 것으로 보았으며, 성경은 인본주의 노선을 따라 연구해야 할 하나의 문서로 간주했습니다.

십대의 바빙크는 왜 그런 결정을 했을까요? 비록 바빙크가 레이든에서 신앙의 위기를 경험하긴 했지만(결국에는 그 위기를 헤쳐 나왔지만), 레이든에서 공부하려 했던 바빙크의 선택이 곧 자신이 성장해 온 정통 개혁 신학을 포기하는 것은 아니었습니다. 부분적으로 그의 선택은 그 당시 깜쁜보다 훨씬 더 혹독하게 신학에 대한 학문적 훈련을 받고자 하는 동기에서 비롯된 것입니다. 이와 함께, 바빙크에게는 레이든 대학의 개혁파 목사 요하네스 헨드리쿠스 도너(Johannes Hendricus Donner: 1824-1903)의 존재 역시 큰 동기였습니다. 바빙크의 학생 일기장에는, 당시 자기 교단에서 가장 뛰어난 설교자인 도너가 깜쁜에서 행한 선교에 대한 설교를 들은 후 레이든으로 옮기기로 결심했다고 기록되어 있습니다.[7]

---

7 Herman Bavinck, *Dagboek*, 1874. H. Bavinck Archive, no. 346, folder 16 (Amsterdam: Historische Documentatiecentrum), 6월 5일.

1874년부터 1880년까지 바빙크는 레이든에서 요하네스 스홀턴(Johannes Scholten)과 아브라함 꾸에는(Abraham Kuenen)과 같은 네덜란드의 학문적 신학의 거성들에게 사사했습니다. 비록 바빙크가 종종 그들의 전제들과 신학적 결론들을 강하게 반대하기는 했지만, 스승 교수들의 체계적인 접근방식에는 경탄하기도 했습니다. 이 기간에 바빙크는 도너의 설교에 깊은 영향을 받았습니다. 실제로 레이든 대학교 시절 일기장의 초기 기록들을 보면, 바빙크가 그 대학교의 교수들보다 도너에게 더 많은 관심을 가지고 있었음을 알 수 있습니다.[8] 우리는 도너의 설교에 대한 바빙크의 생각을 그의 메모를 통해 재구성할 수 있습니다. 이 설교들은 주해적인 경향을 갖고 있었고, 그 당시 바빙크의 상황과 관련된 주제들, 즉 근대주의와 그 결과, 신앙과 불신앙의 차이, 죄와 은혜의 대조 등과 뚜렷하게 맞물려 있었기 때문에 바빙크의 관심을 끌 수 있었습니다. 1883년에 출간된 도너의 『그리스도의 고난에 관한 설교집』(Lichtstralen van den kandelaardes woords)은 바빙크의 학창 시절 그가 즐겨 듣고 누렸던 설교가 어떤 종류였는지를 매우 잘 보여줍니다.[9] 이 책에 수록된 설교들은 성경 본문 강

---

8 Herman Bavinck, *Ex animo et corpore*. *H.Bavinck, Theol. Stud.*, 1874. H. Bavinck Archive, no. 346, folder 16 (Amsterdam: Historische Documentatiecentrum).

9 J. H. Donner, *Lichtstralen van den kandelaar des woords* (Leiden: D. Donner, 1883). 도너

헤르만 바빙크의 설교론

해에 집중하며 그 성격상 철저하게 복음적입니다. 수사학적으로 말하자면, 이 설교들은 질문을 던져 청중들의 관심을 끌고, 그들이 상상력을 동원하도록 요구합니다. 이 점에서 도너의 출간된 설교들은, 더 일관되게 경건하고, 묘사적이며, 대화체 형식의 수사법을 사용하지 않은 얀 바빙크의 설교와는 현저하게 달랐습니다.[10]

하지만 바빙크가 도너의 설교를 전적으로 맹종한 것은 아니었습니다. 예를 들면, 1874년 10월 18일 주일 도너의 설교에 대해 기록한 일기장에서 바빙크는 도너의 착상이 "매우 뛰어났지만" 그 언어와 어조가 그 내용과 조화롭지 않아 실망스러웠다고 밝혔습니다.[11] 이런 비평은 도너의 설교에 관한 다른 설명과도 일치하는

의 사후에 출간된 설교집에 관해서는 다음을 참조하라. H. W. Laman, ed., *Wandelen door geloof: overdenkingen van de gereformeerde predikanten* (Netherlands: Gereformeerd Tractaatgenootschap "Filippus," 1930). 로마 가톨릭으로부터 개종한 선교사인 호더프리뒤스 요하네스 람베르튀스 베런스(Godefridus Johannes Lambertus Berends)의 죽음 이후에 전달된 설교에 관해서는 다음을 참조하라. J. H. Donner, *Afgewezen, maar niet teleurgesteld: Toespraak naar 1 Koningen 8:17–19a* (Kampen: G. Ph. Zalsman, 1873).

10 예를 들면, 다음을 참조하라. Jan Bavinck, *De zaligheid alleen in den naam van Jezus. Rede ter herdenking van veertigjarige evangelie bediening, uitgesproken 30 September 1888* (Kampen: J. H. Bos, 1888); *Davids bede in den ouderdom. Eene overdenking bij gelegenheid van zijne vijftigjarige bediening van het Woord Gods* (Kampen: G. Ph. Zalsman, 1898); *Feeststoffen* (voor het Kerstfeest en voor het Oud- en Nieuwjaar) (Kampen: G. Ph. Zalsman, 1900); *Feeststoffen* (voor het Paaschfeest) (Kampen: G. Ph. Zalsman, 1901); *De algeheele heiliging van de geloovigen, de wensch van de dienaar des Evangelies. A fscheidswoord uitgesproken den 25 Januari 1903* (Kampen: J. H. Kok, 1903).

11 Bavinck, *Ex animo et corpore. H. Bavinck, Theol. Stud.,* 1874년 10월 18일.

데, 그의 웅변술이나 활기찬 음성에 관한 것보다는, 그저 설득력 있는 성경 주해와 상당한 심리학적 지식의 조합에서 발견되는 강점을 묘사할 따름이었습니다.[12] 그럼에도 도너의 설교와 모범이 젊은 바빙크에게 큰 영감을 주고 반응을 일으켰다는 것은 분명합니다.

이 시기에 바빙크는 또한 네덜란드 신 칼빈주의의 새롭게 떠오르는 스타였던 아브라함 카이퍼(Abraham Kuyper)에게 영향을 받고 있었습니다. 결국 바빙크는 이후에 반 혁명당 의회의 회원이 될 도너에게서 카이퍼의 반 혁명당(네덜란드 사회에 끼친 프랑스 혁명의 반 기독교적 영향에 직접적으로 대항하는 기독교 정치운동)을 소개 받습니다. 레이든에서 바빙크는 스위스 종교개혁자 울리히 쯔빙글리의 윤리학에 관한 박사 학위 논문을 썼고, 이어서 기독개혁교회에서 안수를 받게 됩니다.

레이든 시절은 설교에 관한 생각이나 설교자 양성만이 아니라, 한 사람의 설교자로서 바빙크 자신에게도 영향을 끼쳤습니다. 도너의 설교에 관한 바빙크의 메모들 외에 설교자로서의 바빙크를 가장 잘 보여주는 자료는 흐리스티안 스눅 후르흐론녀

---

12 예를 들면, 다음을 참조하라. J. H. Landwehr, *Prof. Dr. H. Bavinck* (Kampen: J. H. Kok, 1921), 11.

헤르만 바빙크의 설교론

(Christiaan Snouck Hurgronje: 1857-1936)와 주고받은 편지였습니다. 그는 탁월한 이슬람 학자이자 신학적으로 자유주의적인 학생이었는데, 바빙크가 평생 동안 매우 친밀한 우정을 나누었던 사람입니다.[13] 1878년 8월 3일에 스눅 후르흐론녀에게 보낸 편지는 24세의 바빙크가 생애 처음으로 설교문을 준비하여 설교했던 경험에 대한 자신의 회상을 묘사하고 있습니다.

> 저는 8일 전 주일에 엔스헤더에서 생애 처음으로 설교했습니다. 그 설교를 다른 날로 연기하기를 원했지만 부모님이 워낙 기대가 크셨고 특별히 엔스헤더에 살던 고모와 삼촌까지 초대한 상황이었습니다. 저는 이미 그들에게 엔스헤더에서 첫 설교를 하게 될 거라고 말했고 고모의 건강이 여의치 않아 오래 살지 못하실 것으로 판단했기 때문에 이 약속을 지켜야 할 이유는 더욱 많아졌습니다. 확실히 설교 작업은 어려운 일이었고 특히 시험을 앞두고 많은 시간을 놓쳐버렸습니다. 설교문을 작성한다는 것은 제게 결코 작은 일이 아니었습니다. 하지만 결국 설교문을 완성했습니다. 제 설교 본문은 요한일서 5장 4절 하반절인 "세상을 이기는 승리는 이것이니 우리의 믿음이니라"였습니다. 저는 매우 즐겁게 설교했습니다. 또한 평온했고 침착했

---

13 Jan de Bruijn and George Harinck, eds., *Een Leidse vriendschap* (Baarn: Ten Have, 1999).

습니다. 이 때문에 설교를 잘 마칠 수 있어 기뻤고, 마침내
[설교]와 관련된 가장 큰 어려움은 정복되었습니다. 그러
나 기대했던 것보다 감동을 많이 주지 못한 점에서는, 어
쩐지 아직도 성취감이 들지 않습니다. 제가 소망하고 해야
한다고 스스로 느끼던 그대로 설교하지 못했습니다. 생각
은 언제나 곁에 머물러 있었지만 이상적인 수준에는 이르
지 못했습니다. 그래도 전반적으로 설교는 잘 진행되었고
이에 대해 감사해야 할 수많은 이유가 있습니다.[14]

이 시기에 이어지는 설명에 따르면, 바빙크는 신학생으로서 자신
의 정상적인 공부 일정뿐만 아니라 설교를 준비(전달)하는 일로

---

14 바빙크가 1878년 8월 3일 후르흐론녀에게 보낸 서신. *Een Leidse vriendschap*, 45. 네
덜란드어 원문은 다음과 같다. "Zondag voor acht dagen heb te Enschede mijn eerste
preek gedaan. Ik voor mij had het liever nog was uitgesteld, maar mijn ouders hadden
het gaarne en een oom en tante van me, die in Enschede wonen, waren er bijzonder
op gesteld. Reeds langen tijd geleden had ik het hun beloofd, daar mijn eerste preek
te houden en nu de gezondheidstoestand mijner tante wel van dien aard kon zijn dat
ze niet lang meer leefde, was dit redden te meer om mijn belofte te volbrengen. Maar
daar was natuurlijk veel bezwaar en met 't oog op ons examen groot tijdverlies aan
verbonden. Een preek maken was voor mij geen kleinigheid. Toch lukte het eindelijk.
Mijn tekst was 1 Johannes 5:4b, dit is de overwinning die de wereld overwint, namelijk
ons geloof. En 't uitspreken viel me zeer mee. Ik was zeer kalm en bedaard. Zoodat
ik blij ben dat ik het maar gedaan heb, en de grootste zwarigheid ook hierin weer
overwonnen is. Toch was ik in zooverre onvoldaan, dat het mij minder inspireerde
dan ik gedacht had. Ik sprak niet met dat gevoel voor mijzelf, als ik gehoopt had dat
ik doen zou; terwijl de gedachte, altijd zoo ver beneden 't ideaal te blijven staan, me
onophoudelijk bijbleef. Maar overigens ging het goed en heb ik tot dankertekenis
overvloedige stof."

헤르만 바빙크의 설교론

도 분투했습니다. "저는 이미 설교 준비가 얼마나 막대한 시간이 소요되는 일인지를 깨달았습니다. 저는 여기서 한 번, 그리고 즈볼러(Zwolle)에서 한 번 설교했습니다. 이제 박사 과정을 마칠 때까지는 제가 설교하기로 약속한 레이든에서만 설교하려 합니다."[15] 바빙크는 레이든에서 보낸 마지막 시기에 정기적으로 설교하기 시작했습니다. 1879년 말에 바빙크는 30회 정도 설교했고, 대부분의 경우 요한일서 5장 4절과 갈라디아서 2장 20절과 같이 두 본문을 동시에 설교하면서, 메모나 원고를 의지하지 않은 채 설교하는 기술을 연마한 것으로 보입니다.[16]

젊은 바빙크가 설교를 하면서 확실히 어떤 경험상의 결핍을 느꼈다는 사실은, 특별히 그가 성장해 온 경험적 개혁파 설교의 문화를 볼 때 더욱 두드러지게 나타납니다. 1881년, 레이든에서 공부했던 개인적인 도전에 대해 회상하면서, 바빙크는 레이든이 당시 자신의 경험적 설교에 깊은 영향을 끼쳤다고 스눅 후르흐론녀에게 언급한 바 있습니다.

---

15 바빙크가 1879년 1월 6일 스눅에게 보낸 서신. *Een Leidse vriendschap*, 48. 네덜란드어 원문은 다음과 같다. "Nu reeds merk ik dat preeken ontzettend veel tijd wegneemt. Eens heb ik hier en eens in Zwolle gesproken. Maar ik weet wel dat, behavle nog een keer in Leiden wat ik beloofd heb, voor mijn doctoraal niet meer aan preeken zal denken." 레이든에서의 설교는 1880년 2월 29일에 행해졌으며 본문은 갈라디아서 2장 20절이었다.

16 Herman Bavinck, *Dagboek, 1879-1886*, H. Bavinck Archive, no. 346, folder 16 (Amsterdam: Historische Documentatiecentrum), 1879년 12월 25일.

성경에 대한 묵상을 제외하고, 꾸에는과 스홀턴은 제게 큰 영향을 끼치지 못했습니다. 만일 그것이 저의 신앙을 잃고 그들의 신앙을 받아들이는 것이라면 말입니다. 하지만 그들은 실제로 제가 그러한 진리들을 받아들이는 능력과 방식에는(다른 방식은 있을 수 없습니다) 큰 영향을 끼쳤습니다. 당신이 알다시피, 제게 잘 스며들어 있었던 믿음, 곧 진리에 대한 무한한 신뢰를 동반한 그 순진하고 어린아이 같은 믿음은 잃어버렸습니다. 이는 엄청난 문제입니다. 이런 방식으로 그들의 영향력은 크고 강력했습니다. 이제는 결코 그것을 다시 회복할 수 없다는 것을 잘 알고 있습니다. 말하자면, 저는 그것이 좋다고 생각하며 그것을 잃어버린 것에 대해 감사할 뿐입니다. 그 순진무구함에는 진실하지 않은 것이 있었고 정결해져야 할 것이 많았기 때문입니다. 하지만 거기에는 여전히 순전한 무엇인가가 있습니다. 그 순전함은 좋은 것이고 위안이 되는 것입니다. 그것은 진리가 우리에게 감미롭고 소중한 것으로 남아있기 위해 반드시 존재해야 할 어떤 것입니다. 가끔 아주 드물게(오늘날 우리 시대에 과거의 그 반석 같은 강력한 믿음을 어디서 발견할 수 있겠습니까?) 저는 우리 회중들 가운데 그것을 가지고 있고, 그것으로 인해 행복하게 잘 살아가는 사람들을 볼 수 있습니다. 이제 저는 그들이 그렇게 믿고, 행복하며 즐거워하기를 바랄 뿐입니다. 저도 제가 만일 그렇게 된다면, 저는 활기차고 따뜻하게, 그리고 제가 하는 말에 항상 확신을 가지고 설교할 수 있을 것입니다.

그럴 때 저는 유익한 사람이 될 것입니다. 저는 다시 살아
나 다른 이들을 위해 살게 될 것입니다. 하지만 저는 이것
이 그저 과거의 일일 뿐 더 이상 가능하지 않다는 사실을
잘 알고 있습니다.[17]

동일한 시기에 스눅 후르흐론녀에게 보낸 또 다른 편지에서,
바빙크는 레이든에서 수년 동안 설교문을 준비하며 겪은 개인적
이며 경험적인 고통이 무엇인지를 잘 알고 있다고 말한 바 있습
니다.

---

17 바빙크가 스눅 후르흐론녀에게 1881년 1월 13일에 보낸 편지. *Een Leidse vriendschap*,
81. 네덜란드어 원문은 다음과 같다. "Kuenen en Scholten hebben op mij (behalve in de
Schriftbeschouwing) niet veel invloed gehad, als ge daaronder verstaat het verliezen van
geloofswaarheden en het aannemen van andere, van de hunne. Maar zij hebben wel
(hoe kon het anders) invloed gehad op de kracht en de wijze, waarmee ik die waarheden
omhels. Het naive van het kinderlijk geloof, van het onbegrensd vertrouwen op de mij
ingeprente waarheid, zie, dat ben ik kwijt een dat is veel, heel veel; zoo is die invloed
groot en sterk geweest. En nu weet ik wel, dat ik dat nooit terugkrijg. Zelfs vind ik het
goed en ben ik er waarlijk en oprecht dankbaar voor, dat ik heb verloren heb. Er was
ook in dat naive veel, wat onwaar was en gereinigd moest worden. Maar toch, er is in
dat naive (ik week geen beter woord) iets, dat goed is, dat wel doet; iets dat blijven moet,
zal de waarheid ons ooit zoet en dierbaar wezen. En als ik dan soms——heel enkel,
want och, waar is het rotsensterke geloof van vroeger tijd nog in onse eeuw?——in de
gemeente nog enkele menschen ontmoet, die dat hebben en er zoo wel bij zijn en zoo
gelukkig, nu, ik kan niet helpen, maar dan wenschte ik weer te gelooven als zij, zoo blij
en zoo vrolijk; en dan voel ik, als ik dat had, en ik kon dan zoo preeken, bezield, warm,
altijd ten volle overtuigd van wat ik zei, dan kon ik nuttig zijn; zelf levend, zou ik
leven voor anderen Maar ik weet wel, dat is voorbij; dat is thans niet meer mogelijk."

레이든에서의 생활은 제게 여러 면에서 유익했습니다. 저
는 이 점을 항상 감사하며 깨닫기를 원합니다. 그러나 그
것은 또한 저를 매우 가난하게 만들었습니다. (제가 행복
해하며) 누린 안정감 뿐만 아니라, 특히 최근에 제가 설교
문을 써야할 때, 저의 영적인 삶에 필수적으로 여겼던 많
은 것들을 앗아갔습니다.[18]

이 번역을 대체할 수 있는 번역은『개혁교의학』각 권에 있는 볼트
(Bolt)의 편집자 서론에 두드러지게 나타납니다.[19]『개혁교의학』
에 나오는 영어 번역문은 발렌테인 헤프(Valentijn Hepp)의 1921
년 작품인『헤르만 바빙크 박사』(Dr. Herman Bavinck)[20]에 많
이 의존하고 있는데, 이 책에서 헤프는 바빙크가 스눅 후르흐론녀
에게 보낸 다음 편지 내용을 인용합니다(1881년 1월 13일). "그러

---

18 바빙크가 스눅 후르흐론녀에게 1879년 8월 19일에 쓴 편지. *Een Leidse vriendschap*,
56–57. 네덜란드어 원문은 다음과 같다. "Leiden is me van veelzijdig nut geweest; ik
hoop het altijd dankend te erkennen. Maar het heft me ook dikwerf zeer arm gemaakt,
me ontnomen, niet alleen veel ballast (daar ben ik blij om) maar ook veel dat ik thans in
den lateren tijd, vooral als ik preeken maken moest, als onmisbaar voor eigen geestelijk
leven leered beschouwen."

19 예를 들면 다음을 참조하라. John Bolt, Editor's Introduction, in Herman Bavinck,
Reformed Dogmatics:Prolegomena (Grand Rapids: Baker Academic, 2003), 13. 동일한 번역이
다음 작품에서도 발견된다. John Bolt, *Bavinck on the Christian Life: Following Jesus in
Faithful Service* (Wheaton: Crossway, 2015), 33.

20 Valentijn Hepp, *Dr. Herman Bavinck* (Amsterdam: W. Ten Have, 1921).

헤르만 바빙크의 설교론

나 그것은 또한 종종 저를 매우 가난하게 만들었습니다... 특히 제가 설교문을 써야 했을 때(Maar het heeft me ook dikwerf zeer arm gemaakt ... vooral als ik preeken maken moest)"[21]. 볼트의 편집자 서문에서 이 부분은 다음과 같이 번역되었습니다. "하지만 이것은 저를 더욱 힘들게 만들었는데 ... 특별히 설교를 할 때 더욱 그러했습니다." 그러나 "제가 설교를 할 때"(현재 시제의 일반적 진술로 표현된)로 번역된 "als ik preeken maken moest"라는 문장은 "제가 설교문을 준비할 때"로 더 정확하게 번역할 수 있을 것입니다(설명하겠지만 그것은 특별히 바빙크가 젊은 시절에 써야 했던 설교문들을 지칭합니다). 바빙크의 『개혁교의학』에 수록된 편집자 서문은, 정통주의 신학생인 바빙크가 자유주의 신학 교수진들을 경험하며 받은 충격을 독자들에게 소개합니다. "특별히 제가 설교를 할 때"라는 문장 다음에 즉시 볼트는 "따라서 바빙크를 두 세계 사이에 살았던 한 사람으로 묘사하는 것은 불공평한 처사가 아니다"라고 쓰고 있습니다.[22] 독자들은 그 설교 활동이 바빙크가 양쪽으로 걸치고 있던 두 세계 사이의 갈등을 드러낸 것은 아닌지 궁금해 합니다.

---

21 Bolt, Editor's Introduction, 12 – 14; 비교. Hepp, *Dr. Herman Bavinck*, 84.

22 Bolt, Editor's Introduction, 13.

필자는 이전의 규범적인 "두 바빙크" 해석학에 관하여 다른 곳에서 꽤 길게 쓴 바가 있는데, 그 글에서는 그의 작품이 정통주의와 근대주의의 정반대되는(따라서 결코 화해할 수 없는) 다른 두 사람의 글로 읽힌다는 것을 다루었습니다.[23] "근대적인 바빙크"와 "정통적인 바빙크"라는 화법으로 규범화시킨 이런 접근법은 바빙크에 관한 연구에 크게 도움이 되지 않았습니다. 그것은 차후에 바빙크의 독자층이 "정통"과 "근대"라는 두 그룹을 형성하여, 바빙크 작품의 특정 부분은 받아들이게 하고 다른 부분은 외면하게 했습니다(그 부분은 "다른 바빙크"에 의해 작성되었다는 근거로). 그렇게 된 이유는, 근대성과 정통성과 같이 서로 다른 것들을 큰 긴장 가운데에서도 함께 견지하는 개념이 근본적으로 바빙크의 사상에 들어있지 않다는 가정 때문입니다. 『삼위일체와 유기체』(*Trinity and Organism*)에서 필자는 바빙크의 하나님에 관한 교리가 정확히 그것을 가능하게 한다는 새로운 접근법을 주장한 바 있습니다. 바빙크에게 창조주는 피조계 전체를 통해 발견되는 다양성 내의 통일성(unities-in-diversity)의 모형들을 가능하게 하시고, 그것들에 의해 드러나시는 다양성 내의 통일성(unity-

---

23 James Eglinton, *Trinity and Organism: Towards a New Reading of Herman Bavinck's Organic Motif* (London: T&T Clark / Bloomsbury, 2012), 27 – 50.

헤르만 바빙크의 설교론

in-diversity)의 원형이십니다. 이러한 관점에서, 정통성과 근대성에 대한 바빙크의 관계성은 다시 바뀌게 되었습니다. 바빙크는 지킬과 하이드(Jekyll-and-Hyde) 신학자도, "두 세계 **사이에** 있는 사람"도 아니었습니다. 오히려 바빙크는 자신의 신학적 헌신과 노력으로 정통적이며 동시에 근대적인 신학자가 되려고 분투한 인물이었습니다.

그렇다면 도대체 "한" 바빙크 혹은 "두" 바빙크에 관한 논쟁이 설교와 무슨 관계가 있다는 말입니까? 바빙크의 『개혁교의학』의 독자들은 그렇게 "두 세계 사이에 있는 사람"으로서 바빙크가 일반적으로 통용되는 의미의 설교를 어려워했다는 인상을 받을 만도 한데, 이는 마치 설교 행위가 바빙크를 결코 조화될 수 없는 양극단을 다 잡아당기는 사람으로 드러내는 것 같았기 때문입니다. 그러나 이런 인상은 다소 수정되어야 합니다. 이 초창기 이후에 바빙크가 설교에 관하여 성찰한 것을 보면, 그가 자신의 사명을 무겁고 진지하게 여겼을 뿐만 아니라, 그 사명에 실존적으로 만족하며 그것을 큰 기쁨의 근원으로 여겼다는 사실을 알게 됩니다.

계속 논의해 온 그 편지에서 바빙크는 일반적 의미의 설교보다는 설교문 준비에 대한 특정한 사례를 언급합니다. "vooral als ik preeken maken moest"라는 네덜란드어 원문을 가장 정확하게 번역하면 "특별히 제가 설교문을 준비해야 했을 때"입니다. 문제의 그 설교문들은 바빙크가 기독개혁교회의 임직 후보생일 때

작성해야 했는데, 이는 하링크(Harinck)도 유용하게 언급한 바 있습니다.[24] 이 과정에서 바빙크는 미리 지정된 본문인 "그냥 두라 그들은 맹인이 되어 맹인을 인도하는 자로다"(마 15:14a)로 시험 설교를 해야 했습니다. 바빙크의 레이든 교수들과 함께 있었던 뷜런스(F. J. Bulens)는, 바빙크가 그 교수들과 공개적으로 거리를 둠으로써 자신의 정통주의를 입증하고, 그들을 영적 맹인이라고 노골적으로 비평하기를 기대하며 이 본문을 택했습니다.[25] 바빙크의 설교는 비록 이런 기대(바빙크 자신이 개인적으로 어렵게 느꼈던)에 부응하지 못했지만, 그의 임직은 승인되었고 그때부터 바빙크는 정기적으로 설교하기 시작했습니다. 이 시기에 바빙크가 택한 설교 본문들은 그 성격상 대단히 복음적이었습니다.[26] 이때부터 바빙크는 설교 행위를 점점 더 즐거워하게 되었습니다. 실제로 설교(그리고 목회 사역)는 레이든 이후 시절 그의 영적 성장에, 그리고 그 시기에 그의 사상과 목적에서 통일성에 대한 의식이 커

---

24 George Harinck, "'Something That Must Remain, If the Truth Is to Be Sweet and Precious to Us': The Reformed Spirituality of Herman Bavinck," *Calvin Theological Journal* 38 (2003): 252. 좀 더 정확한 번역은 다음 작품에서 제공된다. Wiillem J. de Wit, "'Will I remain standing?': A Cathartic Reading of Herman Bavinck," *The Bavinck Review* 2 (2011): 25.

25 R. Bremmer, *Herman Bavinck en zijn tijdgenoten* (Kampen: Kok, 1966), 35.

26 Bremmer, *Herman Bavinck en zijn tijdgenoten*, 35.

헤르만 바빙크의 설교론

져가는 것을 경험하는 데 중심 역할을 했습니다.

이 편지를 쓴 후 얼마 지나지 않아 바빙크는 네덜란드 북부 프리슬란트(Friesland)에 위치한 작은 도시 프라네꺼르(Franeker)에 있는 교회의 목사가 되었습니다. 자유로운 학생에서 분주한 목사로 사는 삶의 전환은 바빙크에게 충격이었습니다.

> 잠시 좀 생각해 보세요. 어김없이 매주일 두 번 설교하고
> 주중에 네 차례 교리문답을 가르쳐야 하고 가정과 환자들
> 을 방문하며 많은 시간을 보내고, 때로는 프리지아식으로
> 장례식(Frisian Funeral)을 집례해야 합니다. 그러니 공부
> 하기 위해 제게 얼마나 많은 시간이나 기회가 남게 되는지
> 당신은 굳이 제게 질문할 필요가 없을 것입니다.[27]

바빙크는 프라네꺼르에서 설교했을 때 느낀 초기의 인상을 일기장에 기록해 놓았습니다. 바빙크의 취임 예배(바빙크의 부친이 설교한 임직 예배) 후 돌아오는 주일인 3월 20일자로 기록된 내용은 다음과 같습니다. "프라네꺼르에서 이사야 53장 4-6절과 요리

---

27 바빙크가 스눅 후르흐론녀에게 1881년 6월 16일에 쓴 편지. *Een Leidse vriendschap*, 86 – 87. 네덜란드어 원문은 다음과 같다. *"Als ge eens bedenkt, dat ik elken zondag twee keer preeken moet, vier catechisantiën 's weeks heb te houden, verden aan huis- en ziekenbezoek veel tijd moet wijden en dan soms nog een Friesche begrafenis heb te leiden, dan behoeft ge niet meer te vragen, of er voor eigen studie veel tijd en gelegenheid overblijft."*

문답 1번을 설교했다(처음으로 즉흥설교를 했는데-꽤 잘 진행되었다).”²⁸ 설교 원고 없이 혹은 최소한의 메모로 설교하는 이런 습관은 바빙크의 전형으로 남아 있으며, 그가 수십 년 동안 설교했음에도 불구하고 왜 그의 설교문이 단 한 편만 인쇄된 상태로 남게 되었는지를 설명해 줍니다.

바빙크가 프라네꺼르에서 목회 사역으로 섬기는 일을 즐거워했음에도 불구하고 스눅 후르흐론녀에게 보낸 편지는 설교자로 부르심을 받은 소명 앞에 다양한 도전이 있었다는 것을 분명하게 보여줍니다. 바빙크는 다른 이들의 영적 삶에 큰 의미를 부여하면서 동시에 신자로서 자기 자신의 경건을 일구는 일에 어려움을 느꼈습니다. 그래서 그는 종종 이 일을 마주하게 된 자신의 외로움을 슬퍼하기도 했습니다.

제 사역의 가장 어려운 부분은 언제나 제 신앙과 고백을 이상적인 수준까지 끌어올려 그 상태를 유지해야 한다는 점입니다. 언제나 거룩함을 유지해야 하며, 기도와 감사와 권면과 위로하는 일에 준비되어 있어야 합니다. 또한 너무 나 자주 변화되는 상황에 제 자신이 흔들리지 않게 해야

---

28 Herman Bavinck, *Dagboek*, March 20, 1881. 네덜란드어 원문은 다음과 같다. "In Franeker gepreekt over Jesaia 53:4-6 en Catech. Vraag 1 (voor 't eerst geheel geimproviseerd, ging goed)."

혜르만 바빙크의 설교론

합니다. 그것은 참으로 고된 일이며 불평을 일으키고 종종
감각이 마비된 것처럼 느끼게 합니다. 저는 이제야 제가 영
적으로 얼마나 불경하고 무정하며, 위선적인 마음이 동반
될 수 있는지 이전보다 더 잘 이해할 수 있게 되었습니다.
이 심각하고도 부담스러운 설교자의 직무 외에도 어두운
측면이 존재하며 저는 그것을 깊이 느끼고 있습니다. 말하
자면, 그는 언제나 "목회자"이며, 더 이상 어느 누구와도 친
밀하게 이야기를 나눌 수 없습니다. 어쨌든 그것이 바로 저
라는 사람입니다. 현재까지 저는 여기서 그런 친밀함을 누
릴 수 있는(또는 과감히 누리고자 하는) 사람을 만나보지
못했습니다. 이것은 참으로 어려운 일입니다. 집에 있을 때
저는 혼자입니다. 방에서나 밖에서나 언제나 "목사"입니
다. 저는 지금까지 저를 이해해주고 또한 제가 믿고 털어놓
을 수 있는 아내를 원했는데 그것은 최근에야 가능해졌습
니다.[29]

---

29 바빙크가 스눅 후르흐론녀에게 1881년 6월 16일에 쓴 편지. *Een Leidse vriendschap*, 87.
네덜란드어 원문은 다음과 같다. "Wat mij 't moeilijkst in mijn werk valt, is om mij
altijd op te heffen tot en te blijven op de ideale hoogte van mijn geloof en belijdenis.
O, altijd met het heliege te moeten omgaan, steeds tot gebed of tot dankzegging, tot
vermaning of vertroosting geroepen te worden, en dan dikwerf zoo weinig zelf in die
telkens wisselende toestanden te kunnen inleven, dat valt hard, kweekt een gevoel
van onvoldaanheid en dikwerf van onverschilligheid. Ik begrijp het thans nog beter
als vroeger, hoe onder het gewaad van den geestelijke een diep-onheilig, gevoelloos
en huichelachtig hart wonen kan. Behalve dit erniste en drukkende bezwaar van het
predikantambt, is er nog een schaduwzijde aan verbonden, die ik ook diep gevoel,
en dat is, dat men altijd 'dominé' is een nooit eens recht vertrouwelijk meer spreken

이러한 고립감은 어쩌면 그 자신의 삶의 환경 때문에 더 악화되었는지도 모릅니다. 바빙크는 결혼하지 않은 젊은 사역자였고 나이 든 기혼 부부가 바빙크의 가사를 돌봐주기 위해 목사관에서 함께 살았습니다. 집에서조차 바빙크는 언제나 다른 사람들에게 "목회자"였고 긴장을 풀기 위한 사적인 공간은 거의 없었습니다. 이런 어려움 속에서도 회중들은 프라네꺼르에서 머문 바빙크의 짧은 체류를 매우 높이 평가했습니다. 프라네꺼르에 도착한 후 몇 개월이 지나자 바빙크의 어조는 훨씬 더 긍정적으로 변했습니다. "저는 참으로 감사하지 않을 수 없습니다. 지금까지 잘 지내고 있고 제가 생각하고 기대했던 것보다 훨씬 더 나아지고 있습니다. 제 설교는 열매를 맺고 있고 저는 회중들의 사랑을 풍성히 받고 있습니다."[30] 그 이듬해 스눅 후르흐론녀에게 보낸 편지를 보면, 바빙크는 여전히 자신이 연구할 시간이 얼마나 적은지를 인식하고 있었습니다. 그러나 이에 대한 반응으로 바빙크는 다음과 같이 씁니다.

---

kan. Althans zoo gaat het mij. Tot dusver heb ik hier nog niemand gevonden, wien ik dat vertrouwen mag en durf schenken. En dat valt me hard. Thuis ben ik alleen, op mijn kamer, en buiten ben ik altijd de 'dominé'. Zoo ooit, dan heb ik in den laatsten tijd verlangd naar eene vrouw, die mij begrijpen en aan wie ik mij gansch en al toevertrouwen kan."

30 바빙크가 스눅 후르흐론녀에게 1881년 8월 23일에 쓴 편지. *Een Leidse vriendschap*, 92. 네덜란드어 원문은 다음과 같다. "Maar ondankbaar mag ik toch niet wezen. 't Gaat mij tot dusverre goed, beter dan ik durfde denken en verwachten. Mijne prediking blijft niet zonder vrucht. De liefde der gemeente valt mij ruimschoots ten deel."

헤르만 바빙크의 설교론

설교자로서의 제 역할에 하나님이 복을 주셨다는 사실로 위로를 얻습니다. 연세가 많이 드신 경건한 성도들이 제게로 와서 제 설교로 인해 그들이 어떻게 믿음이 강해졌고 위로를 받았는지를 말할 때마다, 혹은 이제 [과거와는] 전적으로 다른 삶을 사는 사람들이 제게 올 때마다, 저는 큰 용기를 얻고 제가 이제까지 이 세상에서 전적으로 무의미한 삶을 살지는 않았다는(그리고 계속 그렇게 살지 않고 있다는) 생각이 듭니다. 그런 순간들은 돈으로 살 수 없는 귀중한 경험이며 다른 그 어떤 것과도 비교될 수 없는 것입니다.[31]

1882년 바빙크는 암스테르담(Amsterdam)에서 규모가 큰 기독개혁교회에 청빙을 받았지만 사양했습니다.[32] 그 해 말에 바빙크는 깜뻔에서 신학을 가르쳐 달라는 초청을 수락하여 1883년부터 1901년까지 그곳에서 가르쳤습니다. 바빙크가 프라네꺼르를 떠날 때, 그 교회의 장로 중 한 사람은 "우리 교회 회중 전체 뿐만

31 바빙크가 스눅 후르흐론녀에게 1882년 3월 7일에 쓴 편지. *Een Leidse vriendschap*, 95. 네덜란드어 원문은 다음과 같다. "Ik troost me hiermee, dat ik in mijn predikantsbetrekking niet ongezegend arbeid. Als er van die oude vromen tot mij komen, die me zeggen, hoe ze door door mijn woord gesterkt en vertroost zijn, of anderen, die nu een gansch ander leven kennen en leiden-dan is me dat tot bemoediging en ik ontvang dan den indruk, dat ik toch niet gansch nutteloos op aarde geleef heb en leef. En zulke ogenblikken zijn dan onbetaalbaar en kunnen door niets anders verged worden."

32 Bremmer, *Herman Bavinck en zijn tijdgenoten*, 39.

아니라 그 너머에 있는 많은 사람들"에게 "매우 존경 받는 교사"를, 그리고 "그의 영광스러운 설교"를 상실하게 되었다고 언급한 바 있습니다.[33] 바빙크가 깜쁜에 임용된 것은, 그의 생애 초기에 깜쁜에서 가르쳐 달라는 초청을 거절했던 그의 부친과 흥미롭게 비교됩니다. 두 사람 모두 스물여덟에 이 결정을 해야 했습니다. 이 상황은 두 사람 모두에게 더할 나위 없이 중요했습니다. 바빙크의 일기 기록(1882년 8월 24일)은 이 임용에 대해 다음과 쓰고 있습니다. "나와 아버지에게 참으로 인상적인 순간이었다."[34]

얀 바빙크의 자서전에는, 깜쁜의 교수들과 학생들이 그가 교수가 될 경우 받게 될 영향보다 설교자로서 더 많은 영향을 받았다는 깜쁜 교수 시몬 판 펠전(Simon van Velzen)의 언급을 수록하고 있습니다. 얀 바빙크의 반응 역시 이러한 관찰에 동의하는 것 같습니다.

> 한 번은 판 펠전 교수가 내게 이렇게 말했다. "학생들에게
> 끼치는 당신의 영향은 교수들보다 훨씬 더 큽니다." 나는
> 판 펠전 교수의 이런 발언을 인정해야 할 것이다. 교수들

---

33 Bremmer, *Herman Bavinck en zijn tijdgenoten*, 43.

34 Bavinck, *Dagboek*, August 24, 1882. 네덜란드어 원문은 다음과 같다. "Treffend ogen-blik voor mij en mijn vader."

헤르만 바빙크의 설교론

과 학생들이 내 설교를 통해 세움 받았다고 내게 알려준
일이 한두 번이 아니었다고 나는 말할 수 있을 것 같다.[35]

비록 깜쁜에서 헤르만이 체류하던 시기는 그의 유명한 『개혁
교의학』의 출간과 밀접하게 관련되어 있지만, 그가 교수직을 통
해 설교자로서 학생들에게 영향을 끼치고 그들을 설교자로 양
성하려 했던 점 역시 간과해서는 안 됩니다. 우리는 깜쁜 시절
에 출간됐던 그의 소책자 『웅변술에 관하여』(*Eloquence: De
Welsprekendheid*)[36]에서 이 점을 가장 분명히 보게 됩니다. 이 책
의 내용은 설교자의 인격과 설교 행위 자체에 대한 고찰을 확장
하여 기획한 것입니다. 그리고 **설교하는** 방법과 설교자가 **되는** 방
법에 바빙크가 신학적으로 풍성하게 가진 관심에 대한 매혹적인
통찰을 제공합니다.

1891년, 바빙크는 요하나 아드리아나 스히퍼스(Johanna
Adrianna Schippers)와 결혼했습니다. 1894년에는 그들의 유일
한 자녀였던 딸 요하나 헤지나(Johanna Geziena)가 태어났습니
다. 유일하게 인쇄된 바빙크의 설교문은 1901년 깜쁜의 부르흐발

---

35 Jan Bavinck, *Een korte schets van mijn leven*, 69.

36 Herman Bavinck, *De Welsprekendheid:Eene Lezing* (Kampen: G. Ph. Zalsman, 1901).

교회(Burgwalkerk)에서 전해진 설교였습니다. 이미 언급한 바와 같이 바빙크는 원고가 없거나 있어도 최소한의 메모로만 설교하는 것을 선호했는데, 이는 바빙크의 기록된 설교문이 거의 없다는 것을 잘 설명해 줍니다. 그렇다면 이 유일한 설교문을 인쇄할 만큼 이 설교가 특별했던 이유는 무엇일까요? 바빙크 자신이 인쇄된 설교문의 개론에서 이 설교 배경의 역사적 중요성을 다음과 같이 지적하고 있습니다.

> 이 설교는 크루거(Kruger) 대통령이 그의 수행원들과 함께 깜쁜을 방문하여 예배에 참석했던 1901년 6월 30일 주일에 행한 설교입니다. 이 설교를 들은 많은 사람들이 이 설교를 출간해 줄 것을 희망했다는 사실을 알게 되었습니다. 비록 내가 했던 그 설교를 문자적으로 완전히 다시 반복할 수는 없지만 이런 친절한 요구를 거절할 이유는 없습니다. 그 날 설교했던 말들과 조화를 이루도록 지금은 설교 본문 전체를 간결하게 정리했습니다.[37]

---

37 Herman Bavinck, *De Wereldverwinnende Kracht des Geloofs: Leerrede over 1 Joh. 5:4b, uitgesproken in de Burgwalkerk te Kampen den 30sten Juni 1901* (Kampen: G. Ph. Zalsman, 1901). 네덜란드어 원문은 다음과 같다. *"Deze leerrede word uitgesproken bij gelegenheid, dat President Kruger met zijn gevolg, tijdens zijn bezoek aan Kampen, op Zondag 30 Juni 1901 in de vergadering der gemeente tegenwoordig was. Velen, die ze hoorden, gaven het verlangen te kennen, dat ze in druk verschijnen mocht. Hoewel ik ze niet letterlijk weergeven kon, maakte ik toch geen bezwaar, om aan dat vriendelijk verzoek te voldoen. Zakelijk komt ze geheel met het toen gesproken woord overeen."*

헤르만 바빙크의 설교론

"세상을 정복하는 믿음의 능력"이라는 제목으로 바빙크가 설교했을 때, 폴 크루거로 더 잘 알려진 남아프리카 공화국(Transvaal) 대통령 스테파뉘스 요하네스 파울뤼스 크루거(Stephanus Johannes Paulus Kruger, 1825-1904)가 참석했습니다. 당시는 제2차 보어 전쟁(1899-1902) 동안 아프리카너(Afrikaner)가 영국에 맞서 저항하고 있던 시기였습니다. 바빙크의 설교 본문은 요한일서 5장 4절 하반절이었습니다("세상을 이기는 승리는 이것이니 우리의 믿음이니라"). 또한 처음이자 마지막 설교문의 본문이 되는 이 구절은 바빙크의 신 칼빈주의의 중심사상이 됩니다.

『웅변술』과 "세상을 정복하는 믿음의 능력"은 한 쌍으로 함께 읽기에 아주 매력적입니다. 전자에서 우리는 교수들과 신학생들을 대상으로 한 강연을 발견하게 됩니다. 바빙크의 문법은 정교하며, 많은 외국어와 고대어들을 사용했고, 학생들이 그들 자신의 언어적 또는 문화적 능력을 과시하기 위해 설교해선 안 된다는 것을 주지시키면서도 고대의 문서들과 고전 문학 등의 자료들을 끌어와 논지를 이끌어갔습니다. 하지만 후자의 경우『웅변술』에서 구상했던 설교의 표본을 제시합니다. 이 설교는 주해에 강조점을 두었고 문법적으로 복잡하지 않았습니다. 이 설교는 설교자의 학식을 자랑하듯 나열하지 않았고, 설교의 구조가 분명했으며 서두에서 그 구조를 명확히 밝혔습니다. 이는 변화 받은 한 영혼이 다른 영혼에게 영향을 끼치기 위해 말하는 것과 같았습니다. 이런 설교는 함께 읽을 때 더욱 유익합니다.

깜쁜에 머무르던 시절, 바빙크는 1892년 개혁교회연합에서 아브라함 카이퍼와 함께 주요한 인물이었고 네덜란드 개혁교회에서 탈퇴한 카이퍼가 이끌었던 그룹(돌레안치, the Doleantie)과 기독개혁교회가 연합하는 것을 경험하게 됩니다. 연합된 지 10년 후에, 바빙크는 암스테르담 자유대학교(Vrije Universiteit Amsterdam)의 신학 교수직을 수락했습니다.

바빙크의 생애 가운데 이 기간은, 그가 정치(the Anti-Revolutionary Party: 반혁명당의 활동을 통해서)와 철학과 교육에 광범위하게 관여한 시기였습니다. 1908년, 바빙크는 미국의 프린스턴 신학교의 그 유명한 스톤 강좌(Stone Lectures)에서 강의했습니다. 이 강연들은 『계시 철학』(the Philosophy of Revelation)이라는 제목으로 출간되었습니다.[38] (그의 동료 카이퍼도 스톤 강좌에서 1898년에 강의했는데, 이 강연 역시 『칼빈주의 강연』(Lectures on Calvinism)이라는 제목으로 출간되었습니다.)[39]

바빙크는 이 기간에도 설교를 계속 하긴 했지만, 스톤 강좌와

---

[38] Herman Bavinck, *Philosophy of Revelation* (New York: Longmans, Green, and Co., 1909). 헤르만 바빙크, 『계시 철학: 개정·확장·해제본』, 코리 브록·나다니엘 수탄토 편, 박재은 역·해제 (군포: 다함, 2019).

[39] Abraham Kuyper, *Lectures on Calvinism* (Grand Rapids: Eerdmans, 1931).

같은 다른 종류의 대중 강연에 큰 힘을 쏟았기에 이에 대한 관심이
더욱 증폭되었습니다. 이런 삶의 국면에서 바빙크는 정치 집회와
청소년 집회, 강의 위원회, 선교회 모임, 대학 행사, 학생 집회 등과
같은 모든 형태의 대중 강연에서 정기적으로 연설하게 되었습니
다. 그럼에도 바빙크는 여전히 설교자로서 왕성하게 활동했습니다.
예를 들면, 1908년에 북미를 방문하기 위해 배를 타고 대서양을 횡
단하는 동안 바빙크는 자신의 두 동료들(독일인과 영국인)과 함
께 선상예배를 인도하는 책임을 감당했습니다.[40] 바빙크는 미국을
향해 항해하는 동안 18번의 예배를 인도했습니다.[41] 이 책에 번역
된 바빙크의 설교에서 잘 볼 수 있듯이 미국 문화를 이해하고 관찰
하려는 그의 노력에는 그가 미국에서 발견한 설교의 독특한 문화
가 포함되어 있습니다. 특별히 바빙크는 그 당시 북미의 가장 저명
한 설교자들에게 관심을 보였습니다. 장로교도인 조엘 파커(Joel
Parker)와 찰스 헨리 팬크허스트(Charles Henry Pankhurst), 그리
고 토머스 드 위트 탈미지(Thomas De Witt Talmage)와 같은 인
물들은 바빙크가 네덜란드 청중들에게 미국인의 설교에 대해 비
평적으로 설명할 때 주요 관심 대상이었습니다.

40　Hepp, *Dr. Herman Bavinck*, 303.

41　Hepp, *Dr. Herman Bavinck*, 304.

1920년 레이우바르던(Leeuwarden)에서 열린 총회에 참석한 후, 바빙크는 심장마비로 고생하게 됩니다. 이때부터 바빙크의 건강은 계속 나빠지기 시작했습니다. 1921년 7월 29일, 카이퍼가 세상을 떠난 지 몇 달이 채 못 되어, 67년의 생애 중 42년 동안 설교해 왔던 바빙크 역시 암스테르담에서 세상을 떠났습니다.

『웅변술』에 대한 바빙크의 서문

1889년 11월 28일 깜쁜에서, 대부분 신학교 출신의 학생들로 구성된 대중들에게 웅변에 대한 이 강연이 열린 지 벌써 2년이 흘렀습니다. 그 후 이 강좌가 책으로 출간되었는데 한정된 부수만 인쇄되었고 짧은 기간 동안만 구매가 가능하여, 절판된 이후에는 어디에서도 구할 수 없었습니다. 그러나 이따금씩 이 책을 다시 출간하여 일반 대중도 볼 수 있게 해 달라는 요청이 있었습니다. 마침 이제 그 일이 이루어졌습니다. 약간의 개정 작업만 있었을 뿐 전체적으로 이 2판은 초판과 거의 동일합니다.

이 새로운 판이 더 선호되는 것으로 여겨지는데, 왜냐하면 그 거룩한 웅변술은 우리 기독교의 노력에서 대부분 미개척된 분야이기 때문입니다. 작금의 네덜란드의 강단은 훌륭하고 강력한 웅변가들, 주의 깊은 설교자들이 턱없이 부족합니다. 그리고 현재 교회 밖에서 펼쳐지는 풍요로운 삶이 그리스도의 복음 사역자들로 하여금 온 힘을 다해 말의 은사를 계발시키는 일을 불가피하도록 만들기 때문에, 이는 더욱 유감스러운 일입니다. 실제로, [오늘날의] 삶의 공공적인 특징으로 미루어 볼 때, 말의 의미와 영향력은 이례적인 방식으로 증가했습니다. 과거에는 오직 강단만이 사람들이 접근할 수 있는 유일한 장소였지만, 이제는 대중들을 둘러싼 거의 모든 종류의 상황과 강연으로 확장되었습니다. 일단 신문은 인쇄된 활자를 통해 사회의 먼 부분까지 영향을 미치고, 그렇게 하여 대중의 정신에 영향력을 행사하고 그 판단을 지배합니다. 이어서 의회와 정당들, 집회, 컨퍼런스와, 많은 목적들을 가지고 모인 모든 종류의 회합들이 있는데, 여기서도 말은 강력한 무기가 되며 그 일을 수행함에 있어 실패를 모릅니다. 오늘날 교회 안에서보다 교회 밖에 설교자들이 더 많습니다. 여러 정당과 각종 운동을 보면, 사회의 모든 계층과 모든 지위에서, 확신 넘치는 뛰어난 웅변가들을 발견할 수 있습니다. 이 웅변가들은 사람들을 자극하여 교회에서 나와 큰 강당으로 모여들게 합니다.

사회생활의 이러한 발전이 많은 점에서 기쁨과 감사의 원인이 되었다는 사실은 증명할 필요가 없습니다. 그러나 교회의 번영과 회중들의 모임에 이런 현상이 엄청난 위험이 된다는 것은 모순의 여지가 없습니다. 스펄전은 1857년에 자신의 사역이 언론에 의해 난타를 당했을 때 설교를 통해 이렇게 대응했습니다.

오늘날 설교 강단에 대한 혐오가 점점 증가하고 있습니다. 설교단은 수년 동안 충분히 그 토대를 잘 유지해 왔지만, 오늘날에 부분적으로 무능해졌고 그 높은 지위를 상실하고 말았습니다. 우리가 설교단을 강하고 견고하게 사용하는 대신 소심하게 오용함으로 말미암아 세상이 설교단을 경멸하게 만들었습니다. 그리고 이제 확실한 것은 우리가 언론에 지배를 받는 사람들이 된 만큼 더 이상 목회자의 지도를 받는 사람이 아니라는 점입니다.[1]

그럼에도 단지 언론만이 이 모든 회중들의 시선을 교회와 교회가 선포하는 말씀으로부터 돌리게 만들었다고 말하는 것은 전적으로 사실이 아닙니다. 많은 사람들이 다양한 종류의 많은 모임에 참석하는 것을 높이 평가하고 있고 심지어 신앙의 공적 모임에 참석하는 것보다 더 가치 있다고 판단합니다. 적지 않은 사람들이 교회당에 앉아 2시간 동안 설교(자신이 이미 알고 있거나 적어도 자신이 알고 있다고 생각하는 것을 반복하는 설교)를 듣는 일보다 자신의 시간을 더 유용하게 투자할 수 있다는 생각을 품고 있습니다. 세속화가 널리 진행되고 있는 것입니다. 진리에 대한 확고한 지식은 [규범이 아니라] 예외가 되기 시작했습니다. 성경과 교

---

1   "가련한 자들을 위한 설교"라는 제목으로 1857년 1월 25일 주일에 선포한 C. H. 스펄전의 설교.

리문답은 신문과 잡지로, 소책자와 소설로 대체되었습니다.

이런 새로운 상황은 교회에 값비싼 의무를 부과하고, 목회자들이 자신들에게 맡겨진 직무에 대하여, 특별히 말씀 선포의 사역에 대하여 더욱 신실하게 살펴보기를 요구합니다. 그 내용과 형식 면에서, 교회의 회집(모임)은 사람들을 밤낮으로 불러대는 [세속적인] 모임보다 결코 열등하지 않습니다. 교회의 회집은 신적인 기관이라는 가치 때문에, 신앙생활의 구심점과, 영적 권세의 원천과, 모든 사람들이 소명을 받아 매주 주중에 이마에 땀을 흘리며 하는 일에 대한 감화로 남아 있어야 합니다. 인쇄된 글이나 다른 곳에서 우리에게 전해지는 말이 어떤 영향을 끼친다 할지라도, 회중으로 모인 모임에서 우리에게 선포된 말씀 가운데 우리의 마음과 삶과 가족과 사회에 주어지는 복과는 결코 비교할 수 없습니다. 오직 여기에서 우리는 하나님의 말씀의 사역과 언약의 인장을 발견할 수 있습니다. 오직 여기에서 우리는 성도의 교제, 죄의 용서 그리고 영생의 원리를 맛볼 수 있습니다. 안식일이야말로 최고의 날입니다. 안식일과 같은 다른 날은 없습니다. 교회는 하나님의 백성들과 하나님과의 만남입니다. 다른 그 어떤 모임도 이 자리를 대체하거나 그 모임의 상실을 보상할 수 없습니다.

그러므로 그 어떤 시대보다 우리 시대에, 주어진 은사를 소홀히 하지 말라는 거룩한 부르심이 복음 선포를 위해 허락된 말씀의 사역자들에게 놓여 있습니다. 만일 설교자들이 인간의 양심에

혜르만 바빙크의 설교론

관한 달인이 되고자 한다면, 그들은 반드시 말씀의 숙련자들이 되어야 합니다. 만일 하나님의 뜻으로 말미암아 설교자들이 자신들과 교회에 생명의 흐름이 지나쳐버리는 것을 그저 수동적으로 바라만 보려 하지 않는다면, 그들은 우선 다음과 같은 진리들을 자신들에게 먼저 적용시켜야 합니다. 즉 하나님 말씀의 모든 단순성과 진리와 권세가 자신들의 섬김을 통해 사람들의 양심에 적용되고 있는지를 살펴야 합니다.

확실히 그리스도의 복음은 인간의 지혜에서 비롯된 멋진 장식과 효과적인 말을 필요로 하지 않습니다. 복음은 그 자체로 진실하고 아름답고 부요합니다. 하지만 그 영광의 풍성함 가운데 복음을 제시하고 성령과 권능의 증거로 말하기 위해서는 끊임없는 훈련과 지속적인 노력, 그리고 충실한 헌신이 요구됩니다. 슐라이어마허가 한 번은 이렇게 말한 바 있습니다.

실제로, 언어가 도달할 수 있는 가장 고상한 주제에 관해 인간 담론의 풍성함과 장엄함을 모두 적용하는 것이 실제로 가능해지고 있습니다. 마치 신앙이 제공할 수 없는 어떤 장식이 있는 것처럼 하지 않고도 말입니다. 그러나 만일 그것의 위대함과 위엄을 적절하게 드러내기 위해 최선을 다하여 가장 풍부한 자원을 모아 신앙에 헌신하지 않으면,

그 선포는 경솔하고 불경한 경향을 나타낼 것입니다.[2]

바울은 고린도에 있는 교회들에게 말할 때 훨씬 더 아름답고 고상하게 다음과 같이 진술했습니다. "내가 하나님의 열심으로 너희를 위하여 열심을 내노니 내가 너희를 정결한 처녀로 한 남편인 그리스도께 드리려고 중매함이로다"[3]

이어지는 강연들이 이런 거룩한 열정을 어느 정도 일깨우는 데 공헌한다면, 저의 마음은 한없이 기쁠 것입니다.

헤르만 바빙크

깜쁜

1901년 5월

---

2 여기서 바빙크는 다음과 같은 슐라이어마허의 글을 인용한다. Schleiermacher's "On the Social Element of Religion"(1711). 이 글의 영어 번역은 아래에서 찾을 수 있다. Frederic Henry Hedge, *Prose Writers of Germany* (New York: C. S. Francis and Company, 1855), 443.

3 고린도후서 11장 2절.

헤르만 바빙크의 설교론

헤르만 바빙크의
설교론

웅변술

『웅변술』[1]

웅변술에 대한 저의 강의에 주의를 집중해 주시기 바랍니다. 이
주제를 선택한 것에 대해서는 다른 설명이 필요 없으리라 믿습니
다. 우선 가장 중요하고도 유일한 능력이 오직 말씀에만 있다고 믿
는 친구들과 형제들에게, 이 주제에 대해 강연하게 된 것을 영광
이자 특권으로 생각합니다. 친애하는 여러분, 말씀은 공격과 방어
의 무기로서, 여러분의 검과 방패가 될 것입니다. 이 무기들을 숙
련되게 사용한다면, 여러분의 능력은 배가될 것이고 영향력은 더
광범위해질 것입니다. 여러분의 영혼에 관계된 다른 모든 은사들
은 더 강력하고 열정적인 표현으로 제시될 때 더욱 영광스럽게 될
것입니다. 말씀의 종 즉 하나님의 말씀의 종이라는 이름은 매우

---

1 Herman Bavinck, *De Welsprekendheid: Eene Lezing* (Kampen: Zalsman, 1901). 이 소책자는
본래 깜뻔 신학교의 학생들을 위해 1898년 11월 28일 행한 강의를 엮은 것이다.

헤르만 바빙크의 설교론

영예로운 이름입니다. 그 이름과 더불어 여러분에게는 이 세상의 그 어떤 군주들이나 세상 지도자들보다도 더 강력한 권세가 맡겨질 것입니다. 왜냐하면 말씀에 정통한 사람으로서 여러분은 양심에 정통한 사람이 될 것이기 때문입니다. 영혼을 지배하는 자는 도시를 정복하는 자보다 더 강합니다.

비록 말씀을 전하는 이 고상한 직무가 사랑하는 많은 청중들에게 다 적합한 것은 아니겠지만, 그렇다고 해서 지금 제 강연의 주제를 대수롭지 않게 여기지 않기를 바랍니다. 말을 잘하는 것은 모든 사람에게 특히 남녀 그리스도인들에게 아름다운 장식품이요, 훌륭한 덕목이 아닐 수 없습니다. 우리가 생각하는 것 이상으로, 성경은 혀와 말의 거룩한 사용에 대한 의무를 강력하게 강조합니다. 바울이 "너희 말을 항상 은혜 가운데서 소금으로 맛을 냄과 같이 하라 그리하면 각 사람에게 마땅히 대답할 것을 알리라"[2]고 말했을 때, 그는 어떤 예외적인 집단도 없이 차별하지 않고 모든 사람들에게 웅변술의 근본 원리를 제시하고 있는 것입니다. 말하기를 잘 하는 것은 단순히 강단이나 법정에서만 요구되는 것이 아니라, 일상생활과 사회적 품행에도 필요합니다. 이런 일반적인 웅변술[deze algemeene welsprekendheid]은 다변

---

2 골로새서 4장 6절.

[*welbespraaktheid*: verbosity]과는 구별되어야 합니다. 제가 논의할 웅변술의 특별한 사례는 부분적이고 좁게 적용한 것입니다. 그러나 이 웅변술의 원리와 본질과 형식을 개괄적으로 논하는 가운데, 여러분들의 관심이 여전하리라 확신합니다.

I. 웅변술의 원리 ───

괴테(Goethe)의 작품 『파우스트』(*Faust*)의 한 장면에서, 여러분은 그가 요한복음 1장을 옮기며 "태초에 말씀이 계시니라"[3]라는 1절에서 평화를 찾을 수 없었다고 말하는 장면을 기억할 것입니다. 괴테는 이 표현을 전혀 좋아하지 않았습니다. 괴테는 말씀을 높이 평가하지 않았고 도리어 종종 말씀을 경멸했으며, 결국 참되지 않은 것으로 여겼습니다. 그것은 무익한 소리일 뿐이며 공허한 울림일 뿐이라고 했습니다. 말씀은 사물의 원리와 근원이 될 수 없다며 말입니다. 그런 이유로 괴테는 더 멀리 나가 버리고 더 깊

---

3   요한복음 1장 1절.

이 내려가 버리기를 원했습니다. 그는 존재와 사물의 근원을 측정하기를 원했습니다. 결국 괴테는 "태초에 지성이 있었느니라", 즉 사고와 판단과 이해가 있었다고 말합니다. 하지만 그것은 좁은 의미로 쓰인 것입니다. 왜냐하면 의심의 여지가 있었기 때문입니다. 실제로 모든 것을 작동시키고 창조하는 것은 지성일까요? 마찬가지로 생각이 존재를 존재하게 만들 만큼 충분히 강력한가요? 괴테는 요한복음 1장을 또 한 번 고쳐서 이렇게 씁니다. "태초에 힘이 있었느니라." 하지만 그는 또 다시 불만족스러워 합니다. 이 또한 그가 계속 지지할 수 없는 입장이었습니다. 그 자체로서의 힘은 우주에 존재를 제공한다는 의미에서는 여전히 창조나 발생을 가능케 할 수 없습니다. 괴테는 더 멀리 돌아가야 했습니다. 그리고 마침내 이곳에 와서 안식을 얻고는 다음과 같이 썼습니다. "태초에 **행위**(deed)가 있었느니라." 이런 독법을 통해 괴테는 성경적 유신론의 자리에다, 자신의 범신론적 세계관을 위치시키고 만 것입니다. 괴테에게는 모든 피조물의 근원이 만물을 말씀으로 창조하시는 살아계시고 자의식적인 인격적 말씀에 있지 않습니다. 도리어 괴테는 자신이 다른 곳에서 언급한 바와 같이 쉴 없는 활동(Thätigkeit)에서 만물의 원리와 존재의 근원을 추구합니다. 모든 것을 관통하는 살아있는 전능한 의지가 있으며, 지칠 줄 모르는 간섭과 영원한 충동이 있는데 그것이 또한 이성과 사랑이기도 합니다. 괴테는 다른 시에서 이를 또 다시 증언하고 있습니다.

무한히 같은 사건들이

영원한 흐름 속에서 반복되고

천개의 둥근 천장이

강력하게 섞여 있으며

삶의 기쁨은 만물에서 흘러나오네.

가장 작고 큰 별 중에서

모든 긴급한 일과 충돌과 갈등도

주 하나님 안에서 영원한 안식이 되네.[4]

성경은 이런 자연신론을 직접적으로 배격하고, 처음부터 만물의 원리를 맹목적인 충동의 무의식적인 힘이 아니라, 자의식적이며 인격적이며 독립적인 말씀에 둡니다. 하나님은 태초에 창조를 시작하실 때부터 하나님이 소유하신 지혜를 통하여, 곧 만물의 첫 열매(πρωτοτοχος της χτισεως)이신 말씀을 통하여, 존재하지 않았

---

4   게리 바클런드(Gary Bachlund)에 의해 번역된 "인생의 풍미"(*Zest for Life*: 1989)라는 시.

>   Wenn im Unendlichen Dasselbe
>   Sich wiederholend ewig fliesst,
>   Das tausendfaltige Gewölbe
>   Sich kräftig in einander schliesst;
>   Strömt Lebenslust aus allen Dingen,
>   Dem kleinsten wie dem grössten Stern,
>   Und alles Drängen, alles Ringen
>   Ist ew'ge Ruh in Gott dem Herrn.

던 것을 존재하도록 부르셨습니다. 하나님은 말씀으로 만물을 창조하시고 또 재창조하십니다. 우리는 호메로스(Homer)가 『일리아스』(Iliad)에서 가장 위대한 신의 능력을 묘사한 그 장난기 어린 아름다움에 놀라워하는데, 당연히 그럴 수 있습니다. "크로노스(Saturn)의 아들이 짙은 눈썹을 구부리며 말할 때, 거대한 올림포스가 휘청거리기까지, 그의 불멸의 머리에 있는 신성한 머릿결이 휘날렸다."[5] 하지만 이 고귀한 말씀과 비견될 위엄과 권위가 도대체 무엇이란 말입니까? 그가 말씀하시니 그렇게 되고 그가 명령하시니 그대로 되었습니다. 이 절대적이며 신적이며 근원적인 말씀의 능력을 보십시오. 다른 모든 말에서 나타나는 능력은 이 말씀에서 비롯되며, 바로 그 안에 이 능력의 기원과 형상이 있습니다.

그러나 그 말씀이 모든 피조물 중에 맏아들이시기 때문에, 또한 하나님의 피조세계 전체에 걸쳐 어떤 특정한 언어가 존재하는 것입니다. 만물에는 인류가 이해할 수 있는 사상과 언어와 음성과 소리가 있습니다. 창조 세계는 단순히 하나님이 손가락으로 쓰신 문자가 아니며, 말없이 침묵하는 책도 아닙니다. 오히려 그것은 하나님께서 인류에게 하시는 말씀입니다. 저는 우리가 종종 상형문자로 기록된 책을 해독할 수 없듯이 피조세계를 통한 말씀을 이

---

5   Homer, *Iliad*, Book 1.

해할 수 없다는 것을 잘 알고 있습니다. 그러나 순진한 아이 같은 양심을 가진 시인들은 그것들을 이해하며, 다음과 같은 바울의 말이 무엇을 의미하는지 잘 파악합니다. "이같이 세상에 소리의 종류가 많으나 뜻 없는 소리는 없나니."[6] 시편 19편의 시인도 역시 그것을 이해했는데 그는 "하늘이 하나님의 영광을 선포하고", "날은 날에게 말한다"고 노래했습니다. 온 피조물에는 모든 인류가 듣지 못하는 언어나 말은 존재하지 않습니다. 피조물의 발화는 세상 끝날까지 계속됩니다. 만물이 말을 합니다. 각각의 피조물들은 그 고유의 언어와 음성으로 말을 합니다. 피조 세계 전체가 웅변적(eloquent)입니다. 죄는 그 노래의 유일한 불협화음입니다.

인간이 피조 세계의 대표자이기에 피조적 언어의 정점은 인간에게서 발견됩니다. 만물이 우리에게 하나님의 발자취를 보여줍니다. 그[인간]는 하나님의 형상인데 특히 그의 언어가 그러합니다. 바로 이것이야말로 경이로운 일입니다. 그 기원은 헤아릴 수 없고, 그 본질은 찾아낼 수 없으며, 그 작용은 말로 다 설명할 수 없습니다. 시인 빌더르데이크(Bilderdijk)[7]는 여러분에게 잘 알려진

---

6   고린도전서 14장 10절.

7   빌럼 빌더르데이크(Willem Bilderdijk: 1756 – 1831), 네덜란드 칼빈주의자 시인. 이에 대해서는 또한 다음 작품을 참조하라. Herman Bavinck, *Bilderdijk als denker en dichter* (Kampen: J. H. Kok, 1906).

헤르만 바빙크의 설교론

구절로 이를 노래했습니다.

  오, 숨소리가 쏟아내는 유체 소리.
  영혼이(한 줄기 섬광 같은 신성한 빛처럼)
  공유하네. 빛이나 선율 그 이상이지.
  가장 조화로운 느낌의 창조,
  영적인 것을 물질과 통합시키며
  호흡하고 영화롭게 될 마음을 구원하네.[8]

말은 공기의 진동과 소멸해가는 바람의 숨결에서 들리는 것처럼 그 자체로 한가하고 하찮은 것처럼 보입니다. 그러나 하나님의 말씀 자체가 생명이요 빛이기 때문에 [그것은] 어떤 칼이나 폭력보다 강력한 힘입니다. 말은 죽어있지 않습니다. 그것은 추상적인 상징도, 상투적인 소리도, 헛된 예술 작품도 아니요, 적극적인 이해를 통해 "수고롭고 부지런히" 추구됩니다. 오히려 그것은

---

8   Willem Bilderdijk, *De Dieren:Dichtstuk* (Amsterdam: P. den Hengst en Zoon, 1817), 19 – 20.

  O, vloeibre klanken, waar, met d'adem uitgegoten,
  De ziel (als Godlijk licht, in stralen afgeschoten)
  Zichzelve in meedeelt ! meer dan licht of melody;
  Maar schepsel van 't gevoel in de engste harmony,
  Die 't stofloos met het stof verenigt en vermengelt!
  Door wie zich 't hart ontlast, verademt en verengelt!

다른 모든 생물들처럼 살아있고 열망하며 정화되고 성장하며 퇴보하고 아프며 죽는 것입니다. 그것은 "느낌에 의해 창조된" 것이며 우리의 존재로부터 탄생한 것이지, 단순히 인간의 의지의 산물이거나 그의 두뇌가 발견해낸 것이 결코 아닙니다. 하나님의 말씀인 로고스는 그의 존재 자체로부터 발생한 것이지, 아리안주의(Arianism)가 주장하는 것처럼 그의 의지로 인해 창조된 것이 아닙니다. 인간의 말 역시도 그러합니다. 말은 그 사람 자신이며, 언어는 그 국가의 영혼입니다. 그러므로 언어는 그 어떤 것보다 더 많은 정신과 지혜를 포함합니다.

> 플라톤의 학교보다, 아테네의 모든 지혜보다
> 더 많은 정신과 지혜를 갖고 있나니.
> 실로 진리를 붙들고 천국을 향한 참된 열망을 품으라.
> 우리에게 주어진 보화들을 생각하라.
> 오, 필멸할 인간이여, 진리 안에서 그대를 온전히 알기를.
> 진리가 그대를 인간답게 만들고
> 그대의 영혼이 진리 안에서 안식하리니.
> 그 말씀 안에서 그대 자신의 인격을 인식하여라.
> 그리하여 그대 자신을 알고
> 거기 계시는 하나님을 뵈옵도록 가르침을 받으라.[9]

---

9 여기서 바빙크는 다음과 같은 빌더르데이크의 시를 인용한다. Bilderdijk's poem "De

언어를 통해 우리는 그 사람, 곧 가장 깊고 내밀한 그의 존재를 보게 됩니다. 말을 통해 사람은 빛으로 발을 들여놓고 은밀함과 침묵에서 나와 자신을 나타냅니다. 이는 그의 존재의 깊은 곳에서 흘러나옵니다. 거기서 우리에게 영향을 미치는 정서가 형성되고 산관(birth canal)의 어둠 속에서 영과 혼의 자녀가 출생합니다. 그 다음 인간의 영광의 흔적과 그의 내적 독립성의 명확한 형상이 나타납니다. 물론 우리가 그 일이 일어난 방식에 대해서는 그 어떤 것도 제안할 수 없겠지만, 언어 또한 의심의 여지 없이 동일한 방식으로 시작되었다고 할 수 있습니다. 결국 첫 사람은 하나님의 형상대로 지음을 받았고 그는 의와 거룩 뿐만 아니라 지식과 진리도 소유하고 있었습니다. 그는 하나님에 관하여 그리고 그분의 역사하심에 관하여 아는 것을 말로 표현해야 했습니다. 따라

Taal" ("Speech"), *Krekelzangen*, Eerste Deel (Rotterdam: J. Immerzeel Junior, 1822), 97. In line two of the section cited below, Bavinck writes of "truth" in the lower case (*waarheid*). Bilderdijk's original capitalizes this as "Truth" (*Waarheid*) and is likely a reference to Jesus Christ as "the Truth" (비교. 요한복음 14:6).

Dan Platoos school, dan heel Atheen bevatten;
Houdt waarheid ja, en echten hemelzin
En 't begrip der ons verleende schatten.
Ken starveling, ken geheel uw ziel in haar!
Zij maakt u mensch; in haar berust uw wezen.
Neem in uw sprak uw eigen zelfheid waar;
Leer daar uzelf, leer daar uw God in lezen!

서 생각하는 그의 영혼에서 태어난 것이 바로 언어였고 그 언어는
그 자체로 우아하고 아름다운 것이었습니다. 그러나 언어가 부패
했습니다.

> 생명의 호흡과 함께 주신 신적 선물,
> 영이 수면에 운행하실 때 피조물들에게 임하셨도다.
> (하지만 또한) 넘어지고 타락했으며 오염되었도다.[10]

이런 맥락 속에서 이 부패가 여기에 존재합니다. 인간이란 존재는
이제 어디에서건 사상의 진리로부터 자유롭기를 원하고, 말로 무
언가를 만들며 형태를 부여하는 것을 기뻐합니다. 인간은 이제
내용에서 형식으로, 존재에서 외양으로, 삶에서 죽음으로, 충만
에서 결핍으로 타락해 버렸습니다.[11] 결국 우리의 말이라는 것은
생명도 빛도 없는, 그저 공허하고 텅 빈 것이 되고 말았습니다. 이

---

10 여기서 바빙크는 다음과 같은 앞서 언급된 빌더르데이크의 시를 인용한다. 앞의 각주 7번
을 참조하라. "De Dieren"

> Maar goodelijke gift, met d'ademtocht van't leven
> Aan't schepsel ingestort, zoover er geesten zweven,
> (Is ze tevens) met zijn val, vervallen en ontaard.

11 "Hinc discidium illud exstitit quasi linguae atque cordis absurdum sane et inutile et
reprehendendum." Cicero, *de Oratore* III 16, 61. 이는 의심의 여지 없이 터무니없고 무
익하며 비난 받을 만한 마음의 언어를 만들어 낸 근원이다.

헤르만 바빙크의 설교론

무익하고, 무가치하며, 쇠약한 말, 곧 이 공허한 말(χενοι λογοι)에 반대하여 성경은 우리에게 강력하게 경고하는 것이 있는데, 이는 우리가 모든 무익한 말을 해명해야 한다는 것입니다. 실제로 우리의 모든 문장들, 헛된 소리들, 의미 없는 말들, 상투적인 용어들에는 상당한 권위가 실려 있습니다. 예를 들어, 인간의 마음을 계속 지배하는 "자유", "평등", "박애"와 같은 공허한 소리의 지배를 생각해보십시오. 스스로 생각할 수 있는 사람이라면 지난 200년 동안 우리 가운데 작동되어 왔던 불멸성, 미덕, 관용, 중도, 모든 사람을 위한 평등한 권리와 그 외에 수많은 슬로건을 추적해 보십시오. 이 모든 소리들이 우리 귀에 바스락 소리를 내고 때로는 우리의 혼을 빼놓는 사이렌 소리처럼 마음을 두들기기도 하지만, 우리의 사고에 어떠한 실체도 제공하지 않습니다. 우리의 사고를 깊어지게 하기 보다는 끊임없이 그 의미를 공허하게 만들고 있습니다. 그러나 말의 공허한 형식이 주는 즐거움은 단지 이런 거짓된 슬로건에만 국한되지 않습니다. 우리의 모든 대화와 그리고 거의 대부분의 의례적인 양식들이 이것에 대한 강력한 증거입니다. "사람이 의례적이게 되는 순간 곧바로 거짓말한다."는 괴테의 평가에는 진리가 담겨 있습니다. 셰익스피어의 극장 위에는 "온 세상이 연기를 한다"(*totus mundus agit histrionem*)는 인상적인 문구가 새겨져 있습니다. 『햄릿』(*Hamlet*)에서 셰익스피어는 존재하는 이 세상을 거짓되고 가식적이라고 여기는 한 사람, 따라서 그 누구도 믿지 않고 거기 있는 모든 사람의 가면을 벗기고 싶어 하는 악마적 욕망을 발견한 한 사람을 묘사합니다. 우리가 인간 본성의 어두운 면에 주의를 기울여 보면, "언어란 우리의 생각을 감추기 위해 발명되었다"[12]고 말한 탈레랑(Talleyrand)[13]의 말이 확실히 옳았던 것 같습니다. 우리는 물론 이 문장이 그의 프랑스 시대의 문화를 겨냥한, 프랑스인에 의해 기록된 문장이라는 사실을 잊어서는 안 됩니다. 당시 프랑스인들은 의심의 여지 없이 대화의 장인들이었습니다. 말하자면 그들은 가장 **경박한** 주제들에 대해서도 가장 **화려한** 대화를 가장 **훌륭한** 형태로 수행하는 기술을 지닌 사람들이었습니다. 이런 기술에 프랑스어보다 더 적합한 언어는 없었습니다. 그리고 이런 언어의 경박한 특징에 대해 훌륭한 철학자였던 빌더르데이크보다 더 크게 분노한 사람도 없습니다. 빌더르데이크는 매우 열정적인 태도로 다음과 같이 외치면서 이런 믿음을 표방했습니다.

꺼져버려! 더러운 혓바닥이여.
마치 인간 들개와 하이에나가 말하는 것처럼 조잡하도다.

---

12 "La parole a été donné à l'homme pour déguiser sa pensée."

13 샤를 모리스 드 탈레랑-페리고르(Charles Maurice de Talleyrand-Périgord, 1754-1838), 프랑스 외교관.

헤르만 바빙크의 설교론

이교도들이나 말하는 것을 지껄이네.

재치 있게 의심하지만 진리를 조롱하네.

더듬고 징징거리는 소리들.

용감하게 코를 통해 귀로 가지만

원숭이의 찡그린 얼굴과 악마의 도움으로

세상을 다스리되 악을 위해 세상을 다스렸도다.[14]

형식에 대한 이러한 선호는 곧 거짓으로 넘어가게 되는데, 이는 존재와 반대되는 것을 향한 사랑, 곧 공허한 무에 대한 사랑을 의미합니다. 따라서 잘못을 저지르는 것이 인간적이라면, 거짓말은 사탄적입니다. 말하자면, 사탄이 말할 때, 그는 자기 내면으로부터 진실하고 정직하게 말합니다. 그리고 거짓말의 가장 높은 계시는, 가장 높은 실재를 허무주의적으로 반대하는 거짓 예언입니다.

그 반대인 풍자에 주의를 기울이면, 진정한 웅변술의 실제적

---

14 다음의 작품에서 영어로 번역함. John Bowring, *Sketch of the Language and Literature of Holland* (Amsterdam: Diederichs Brothers, 1829), 11-12.

> Maar weg met u, o spraak van basterklanken
> Waarin hyeen en valsche schakels janken;
> Verlooch'nares van afkomst en geslacht,
> Gevormd voor spot, die met de waarheid lacht;
> Wier staamlarij, bij eeuwig woordverbreken,
> In't neusgehuil, zichzelf niet uit durft spreken.
> Verfoeilijk fransch, alleen den duivel waard,
> Die met uw aapgegrijns zich meester maakt van de aard!

인 원리가 저절로 나타나게 됩니다. 무익한 말의 근원은, 인간이 형식도 공허한 무도 다 탈피한 채 그저 표면적인 것만을 선호하는 데 있습니다. 그러므로 한 사람의 말이 다시 한 번 경건한 내용을 전달하는 통로가 된다면, 그의 말이 (피조적인 의미에서) 신적 존재 안에 있는 로고스(Logos)가 된다면, 그는 웅변적인 사람이 될 것입니다. 말을 **잘** 하기 위해서는 반드시 **온전히** 존재해야 합니다. 그렇게 되면 우리의 말은 우리 자신의 모양과 형상이 될 것이며, 우리 자신은 다시 한 번 하나님의 모양과 형상을 반영하게 될 것입니다. 그렇게 될 때, 우리의 말은 공허하거나 놀고 있거나 속이 비어있지 않고 도리어 인간 인격의 가장 내밀한 부분인 영혼 중의 영혼, 정신 중의 정신이 나타나는 계시가 될 것입니다. 언어와 마찬가지로 진정한 웅변의 근원은 논리적인 지성에 있지 않습니다. 그것은 의지의 행동이나 결정에 있는 것도 아닙니다. 그것은 도리어 그의 마음에 있으며 생명이 흘러나오는 그의 정신에 있습니다. 이것이 바로 웅변의 생명입니다. 당신이 마음에서 진정으로 말하고자 한다면 그렇게 말하게 될 것이며 당신은 웅변가가 될 것입니다. 말하자면, "웅변을 불러일으키는 것은 마음"(Pectus est quod disertos facit)입니다. "위대한 생각은 마음에서 나오는 것"(Les grandes pensées viennent du coeur)입니다. 그들의 언어로 그들의 마음을 전한 사람들은 모두 다 웅변가였습니다. 그들은 그들의 말로 그들이 소유한 최고의 것을 주었는데, 그것은 바로 그들 자신이었습니다.

따라서 뜨겁지도 차갑지도 않고, 그저 늘 관용과 중립성을 파는 "졸린 요한" 타입[15]으로 웅변술을 추구하지 마십시오. 그들은 열정과 경건, 열렬함과 열광, 그리고 영감을 알지 못합니다. 그들은 기꺼이 웅변술의 뮤즈(Muse)에 자신을 맡기지 않습니다.[16] 그 비밀은 영혼에 놓여 있습니다. 마음의 열정이 말에 임하게 되면 웅변이 태어날 것입니다. 무엇이 우리 마음을 감동시킬 수 없겠습니까? 우리가 모든 창조 세계에 둘러싸여 있다는 것이 느껴지지 않습니까? 우리는 모든 것에 연결되어 있지 않습니까? 우리는 하늘에도 속하고 동시에 땅에도 속해 있지 않습니까? 우리의 마음은 모든 것이 함께 모이는 용광로와 같습니다. 마음은 모든 것을 비추는 거울입니다. 모든 것이 우리의 감동과 인식과 감정에 달려듭니다. 우리는 천사의 멜로디와 악마의 울부짖음, 만물의 노래와 피조물의 탄식을 들을 수 있습니다. 인간의 마음이 이해할 수 없

---

15 "Zoek daarom de welsprekendheid niet bij de Jansalie-naturen, bij de handelaars in verdraagzaamheid en neutraliteit." Bavinck, *De Welsprekendheid*, 24. 얀 사거(Jan Sage)에 대한 언급은 에버하르뒤스 포트히터르(Everhardus Potgieter)의 저술에서 발견되는 19세기 네덜란드 정신의 의인화를 나타낸다. 이에 대해서는 다음을 참조하라. E. J. Potgieter, *Proza 1835-1847*, in E. J. Potgieter, *De werken*, Deel I, ed. J. C. Zimmerman (Haarlem: H. D. Tjeenk Willink, 1908).

16 바빙크는 여기서 전통 그리스 문학의 문학과 과학과 예술의 덕과 아름다움을 말하고 있다. 이에 대해서는 다음을 참조하라. Jean-Luc Nancy, *Les Muses* (Paris: Editions Galilée, 1994).

는 말이 없고 우리 영혼에 울려 퍼질 수 없는 음성도 없습니다. 만일 우리 마음이 그렇게 영향을 받고 감동을 받는다면 혹은 우리의 아름다운 산란함이 전면에 나타나 우리 마음이 거기에 이끌린다면, (사랑, 증오, 슬픔, 열정, 분노, 충격, 두려움, 불안, 공포 등) 어떤 것에 관계없이 우리 마음이 열정으로 타오르게 될 것입니다. 만일 우리의 양심이 감동을 받고 영혼의 생명의 파동이 너울거린다면, 우리 정신이 이끌려 활기를 띄며 기쁨으로 가득하게 된다면, 잠겨 있던 진정한 웅변술의 근원이 우리 안에서 열리게 될 것입니다. 깊은 내면의 감정이 연설의 원리입니다. 흔들리고 아연실색하는 그것이 바로 영혼의 감수성입니다. 따라서 시인들과 연설가들은 언제나 훌륭하고 부드러운 기질을 가지고 있었고, 그들의 성향이 세심하게 조율되었기에 가장 작은 접촉만으로도 그들의 정서적 삶의 표면에 파동을 일으켰던 것입니다. 우리는 예수님도 동정심에 마음이 움직이셨다는 사실을 자주 읽게 됩니다. 바울이 아레오바고 언덕에서 설교했을 때, 그의 마음은 도시 전체가 우상을 숭배하는 모습을 보고 마음에 분노했습니다. 초기와 후기의 모든 웅변가들도 다 마찬가지입니다. 아킬레스(Achilles)의 분노와 안드로마케(Andromache)의 신실함과 데모스테네스(Demosthenes)의 애국심과, 도시의 복지를 위한 키케로의 열정, 이 모든 것이 웅변입니다. 종교개혁자들은 웅변가였으며, 하나님의 영예에 불타는 열정이 있었고 칼뱅의 다음과 같은 장엄한 표

헤르만 바빙크의 설교론

현에 영향을 받았습니다. "주인이 공격을 받으면 개도 짖습니다. 하물며 나의 주인이 모욕을 당할 때 소리를 지르지 않아야 합니까?"[17] 버크(Burke)가 영국 의회에서 혁명을 반대하는 강력한 목소리를 높였을 때, 그는 웅변적이었습니다. 물타툴리(Multatuli)[18]는 그의 책 『막스 하벨라르』(Max Havelaar)[19]에서 웅변적이었습니다. 왜냐하면 가련한 자바인(Javanese)들을 착취하는 드로흐스토펠스(Droogstoppels)와 슬레이머링언(Slijmeringen)[20]의 추악한 불의가 그의 분노감을 불러일으켰기 때문입니다. 그녀의 아이가 물에 빠졌을 때 큰 소리로 비명을 지르는 어머니를 직접 목

---

17 John Calvin, *Lettres françaises*, ed. J. Bonnet, 2 vols. (Paris: Mayrueis, 1854), 1:114, April 28, 1545.

18 물타툴리(라틴어 물타와 툴리로 구성된 "나는 고생을 많이했다"는 뜻의)는 네덜란드의 무신론적 풍자 소설가 에뒤아르트 다우베스 데커르(Eduard Douwes Dekker: 1820-1887)의 필명이다. 아브라함 카이퍼는 니체를 가리켜 "독일의 물타툴리"라고 부르기도 했다. 이에 대해서는 다음 작품을 참조하라. Abraham Kuyper, "The Blurring of the Boundaries," in *Abraham Kuyper: A Centennial Reader*, ed. James Bratt (Grand Rapids: Eerdmans, 1998), 364. "오늘날 동쪽에 있는 우리 이웃들은 프리드리히 니체라는 그들만의 물타툴리를 가지고 있다."

19 물타툴리의 가장 유명한 작품이 바로 그의 소설 막스 하벨라르이다. *Max Havelaar, of de koffie-veilingen der Nederlandsche Handel-Maatschappy [Max Havelaar: Or the Coffee Auctions of the Dutch Trading Company]*. Amsterdam: De Ruyter, 1860. 이 책에서 중심인물인 막스 하벨라르는 네덜란드 동인도 회사의 부패를 대항하여 싸우는 인물로 묘사된다.

20 『막스 하벨라르』에서 바타비우스 드로흐스토펠스(Batavius Droogstoppels)는 커피 상인이었고 슬레이머링언(Slijmeringen)은 그의 사업 파트너였다. 드로흐스토펠스는 그 시대의 전형적인 네덜란드 사업가의 모습을 나타낸다.

격한 장면에서도 그는 웅변을 토했습니다.[21] 역사는 웅변과 언어가 바로 감정의 창조물이라는 충분한 증거를 제공합니다.

둘째로 진정한 웅변술의 창조를 위해서는 강력한 감정 상태, 감동 받은 정신, 감명 받은 마음, 그리고 이러한 감정들을 표현하고 싶어 하는 부인할 수 없는 충동과 같은 것들이 필요합니다. 다음 두 가지는 하나입니다. 내가 믿었으므로 또한 말하였도다.[22] 누구든지 확고하게 깊이 믿는 사람은 침묵할 수 없습니다. 만일 그들이 침묵한다면 돌들이 소리를 지를 것입니다.[23] 영감, 소명, 내적 충동, 이런 정신의 강박과 같은 것들, 혹은 사람들이 무엇이라고 명명하든지, 이것들은 선지자들과 사도들에게서 발견되는 고상한 감각입니다. 예레미야는 그의 마음의 중심이 불붙는 것 같았다고 말합니다.[24] 아모스는 소박한 농부였지만 하나님의 영에 너무나 강력하게 이끌려 평상시에 하던 일을 그대로 할 수 없었고 양을 치던 일을 멈춰야 했습니다. 아모스는 그 이끌림을 무시할 수 없었습니다. 그는 증언하기 위해 예루살렘으로 가야 했습니다. 아모스는 자신의 마음속에 불타오르는 열정을 표현하지 않을

---

21 Multatuli, *Max Havelaar*, ch. 11.

22 고린도후서 4장 13절.

23 누가복음 19장 40절.

24 예레미야 20장 9절.

헤르만 바빙크의 설교론

수 없었습니다. "사자가 부르짖은즉 누가 두려워하지 아니하겠느냐 주 여호와께서 말씀하신즉 누가 예언하지 아니하겠느냐."[25] 그리고 만일 자신이 복음을 선포하지 않는다면 화가 미칠 것이라고 바울이 선언한 것 또한 부인할 수 없는 소명입니다. 그렇습니다. 성령이 측량할 수 없도록 임하신 예수님 자신도 다음과 같이 증언하셨습니다. "내가 내 자의로 말한 것이 아니요 나를 보내신 아버지께서 내가 말할 것과 이를 것을 친히 명령하여 주셨으니."[26] 이것은 실재하는 현실입니다. "우리 안에는 우리 모두를 흔드셔서, 불타오르며 빛나게 하시는 하나님이 계십니다"(est Deus in nobis, agitante calescimus illio).[27] 그 하나님께서는 홀로 모든 고상한 삶과 학문과 예술의 근원이시며 참된 웅변술의 원리이십니다.

---

25 아모스 3장 8절.

26 요한복음 12장 49절.

27 이 진술은 다음과 같은 작품에서 인용되었다. Ovid's *Fasti* 6.5-8:

> est Deus in nobis; agitante calescimus illio:
> impetus hic sacrae semina mentis habet.
> fas mihi praecipue voltus vidisse deorum
> vel quia sum vates, vel quia sacra cano.

바빙크는 또한 다음과 같은 작품에서 동일한 진술을 인용한다. "Of Beauty and Aesthetics," *Essays on Religion, Science, and Society*, ed. John Bolt, trans. Harry Boonstra and Gerrit Sheeres (Grand Rapids: Baker, 2008), 252. 아브라함 카이퍼 역시 1890년 암스테르담 자유대학교 학생들을 위한 강연에서 이 진술을 인용한다. 이에 대해서는 다음 작품을 참조하라. Abraham Kuyper, *Scholarship: Two Convocational Addresses on University Life* (Grand Rapids: Christian's Library Press, 2014), 28.

바로 여기서 웅변술이 나옵니다. 이 웅변술은 연습이나 준비로 되는 것이 아닙니다. 수사학자들이 있기 전에 모든 사람들 사이에는 이미 웅변가들이 있었습니다. 인생은 예술보다 앞섭니다. 호메로스는 그리스 문화의 시초에, 단 하나의 운율로도 시와 웅변의 가장 높은 수준에 도달했습니다. 사도들과 선지자들은 웅변적이었지만, 수사학자들은 아니었습니다. 그들은 플라톤(Plato)의 『고르기아스』(*Gorgias*)나 키케로(Cicero)의 『수사학』(*Oratory*)을 읽지 않았습니다. 그들은 그리스 수사학교에 입학하여 공부하지 않았습니다. 그들은 키케로나 퀸틸리아누스(Quintilian)의 작품들을 알지 못했으며, 강화의 법칙, 예를 들면, 스흐란트(Schrant)[28]의 법칙 같은 것은 그들에게 전적으로 생소한 것이었습니다. 그들은 모두 다 거울 앞에서 공부했던 모든 것, 즉 주제 혹은 분류, 분석적 종합적 방법론, 음향 효과를 이용한 결론, 화법 등에 관하여 알지 못했습니다. 그들은 이것들 중에 아무것도 알지 못했습니다. 그들은 인간 지혜의 감동적인 말을 사용하지 않았습니다. 그럼에도 그들은 웅변적이었고 고대의 그 어떤 연설가들보다 더욱 높은 수준의 웅변가들이었습니다. 그들은 서기관으로서가 아니라, 성

---

28 요하네스 마티아스 스흐란트(Johannes Matthias Schrant: 1783-1866)는 네덜란드 신학자이자 수사학자이며, 문학가이다.

헤르만 바빙크의 설교론

령의 능력에 힘입어 권위 있는 자로서 말했습니다. 그들은 웅변적이었는데, 이는 그들 자신의 훈련이 아니라 하나님이 주신 은사에 의한 것이며, 고찰이나 연구가 아니라 영감을 통한 것이고, 사람의 부름이 아니라 신적 권위(*droit divin*)의 능력으로 말미암은 것입니다. 그들에게 웅변은 계획된 것이 아니라 본성이었고, 예술이라기보다는 은사였습니다. 지금이나 그때나 규칙을 혼란스럽게 하며 때때로 예기치 않게 비천한 사람들 가운데서 일어나 사람들의 감정에 불을 지피고 마치 전기충격처럼 사람들을 감전시키는 이들이 있습니다. 수천 명의 십자군들이 아미앵의 피에르(Peter of Amiens)의 말을 따라 예루살렘을 향해 떠났습니다. 루터(Luther)의 강력한 말은 유럽의 기독교 전체를 완전히 새롭게 개혁했습니다. 17세기에, 조지 폭스는 그의 예언적인 연설과 감동적인 목소리로 영국 전체를 뒤흔들었습니다. [프랑스] 혁명은 강인하며 논박하기 어려운 가장 위대한 전령이자 가장 강력한 연사인 미라보(Mirabeau)를 발견했습니다. 또한 물타툴리의 첫 작품은 우리 조국 전체에 엄청난 충격을 안겨주었습니다.

하지만 여전히 웅변술은 단지 하나의 은사로만 취급할 것이 아닙니다. 그것은 또한 예술입니다. 그것은 모든 예술과 학문의 조국인 그리스에서 그렇게 되었습니다. 거기서 그것이 시작된 것은 정치적 자유 때문입니다. 민회에서, 말은 승리와 권력을 얻는 유일한 길이었습니다. 수사학자가 있기 전에 그곳에는 이미 웅변가들이 있었습니다. 이런 웅변의 강력함이 사람들의 눈에 띄게 되었을 때 사람들은 그 웅변을 본질적으로 설명하려 하였고 그에 따른 요구와 규칙이 정해졌습니다. 그 결과 웅변의 기술이 존재하게 된 것입니다. 하지만 그것은 결코 그 재능을 상쇄하거나 대체할 수 있는 것이 아닙니다. 수사학 그 자체는 누구도 웅변가를 만들어 내지 못합니다.

파스칼(Pascal)은 "참된 웅변은 웅변을 조롱한다"(*La vraie eloquence, se moque de l'éloquence*) 라고 말한 바 있습니다. 재능이 없는 기술은 온기 없는 불꽃과 같고, 기교 부리며 단어를 사냥하는 것에 불과합니다. 그것은 단 한 번도 살아있는 그림인 적이 없는, 영혼 없는 초상화와 같다 할 수 있습니다. 하지만 기술이 없는 재능은 인기 있는 연설가의 예에서 볼 수 있듯이, 종종 조잡한 진부함과 짜증스러운 조악함으로 전락할 수 있습니다. 기술이 경멸하는 재능 역시 참된 재능은 아닙니다. 위로부터 나오며, 그 의존성을 인식하는 재능이, 어째서 그 재능을 발전시키기 위해 위로부터 주어지는 수단들을 조롱할 수 있다는 말입니까? 천재는 노력과 부지런함과는 아무런 상관이 없으며, 오히려 느긋하게 영감만을 기다려야 한다는 개념은 전적으로 잘못된 것입니다. 볼프(F. A. Wolf)의 "천재는 부지런하다"(*Genie ist Fleiss*)는 말이 지나친 면은 있습니다. 그러나 그에 못지않게 편파적인 것은, 하나님의 선물이 인간의 모든 노력과 연습을 불필요하게 한다는 개념입니

헤르만 바빙크의 설교론

다. 오히려 뤼케르트(Rückert)[29]가 한 다음과 같은 말이 진실에 더 가깝습니다.

진실은 다음과 같습니다. 예술가는 타고납니다.
그러나 모든 진리가 어리석은 자의 입에서는 오류가 됩니다.
[예술가]는 예술가적 충동을 지니고 태어나지만
예술 그 자체는 아닙니다.
형성한 것은 그의 노력이지만,
재능은 [마땅히] 하늘의 은총입니다.[30]

예술과 학문에 능통했던 위대한 사람들은 세심한 연습과 꾸준한 노력 없이 최고봉에 도달한 적이 없습니다. 데모스테네스와 키케로와 같이 세대를 거듭하여 알려진 유명한 연설가들은, 그들에게 주어진 잠재적 재능을 발전시키고 완전하게 하기 위한 노력을 기울였습니다. 참으로 그렇습니다. 기술은 은사에 의해 뒷받침되는

---

29   프리드리히 뤼케르트(Friedrich Rückert: 1788–1866)는 독일의 시인이다.

30   Friedrich Rückert, *Die Weisheit des Brahmannen: ein Lehrgedicht in Bruchstücken*, vol. 4 (Leipzig: Weidmann, 1841), 254.

> Est is ein wahres Wort, der Künstler wird geboren,
> Doch jede Wahrheit wirt Irrthum im Munde der Thoren.
> Geboren wird mit ihm der Kunsttrieb, nicht die Kunst,
> Die Bildung ist sein Werk, die Anlag´ Himmelsgunst.

것이니, 후자는 가장 중요하고 첫째가는 것입니다. 또한 성경 말씀에 관한 한, 은사는 어떤 영역에서도 결코 간과될 수 없습니다. 은사는 기술을 요구하고 필요로 합니다.[31] 재능은 웅변을 탄생시키거나 그 흐름을 불러일으키지는 못하지만, 그것을 기쁨의 강으로 인도할 수는 있습니다. 그러나 진정한 웅변술이 무엇이든, 재능이나 기술 또는 둘 모두[32] 오직 사람의 마음에서만 그 근원을 찾을 수 있습니다. 바로 여기에 웅변의 근원이 있습니다. "마음에 가득한 것을 입으로 말함이니라."[33] 따라서 웅변은 "열정적인 이성"(la raison passionnée)이라고 올바르게 이름 지어진 것입니다.

---

31 "Semper statui, neminem sapientiae laudem et eloquentiae sine sum- mon studio et labore et doctrina consequi posse." Cicero, de Orat. II, 89. "Multo labore, assiduo studio, varia exercitatione, plurimis experimentis, altissima prudential, praesentissimo consilio constat ars dicendi." Quintilian, Orat. Instit. II, 13.

32 "Scio quaeri etiam, natura plus ad eloquentiam conferat an doctrina. Consummatus orator nisi ex utraque fieri potest. Si parti utrilibet omnino alteram detrahes, natura etiam sine doctrina multum valebit, docrina nulla esse sine natura poterit." Quintilian, t.a.p. II, 19.

33 누가복음 6장 45절.

헤르만 바빙크의 설교론

II. 웅변술의 정수 ────

앞서 살펴본 바와 같이 웅변술의 원리는 우리에게 잘 알려져 있습니다. 그렇다면 웅변술 그 자체는 무엇이며, 그 본질은 무엇으로 구성되어 있습니까? 저는 그 본질이 사람들의 지성에 확신을 주고, 양심을 두드리며, 의지에 설득력 있게 영향을 끼치는 말의 기술과 능력에 의해 발전하는 은사라고 묘사하는 데 아무런 이의가 없습니다. 일상의 삶에서 적절한 모든 웅변술은 설교단이든 의회의 회의실이든 사실상 논증, 묘사, 설득, 이 세 가지로 구성되어 있습니다. 웅변이 유창한 사람은 자신이 무엇을 말해야 하는지 잘 알아야 하기에, 탄탄한 지식을 소유해야 하며 청중들이 이해하도록 설득력 있게 납득시킬 수 있어야 합니다. 이는 우리에게 웅변술과 철학 혹은 웅변술과 학문 사이의 연관성으로 안내합니다. 나아가 그는 논점만 제시해서는 안 되고 그것을 설명해야 하며, 이 설명이 사람들의 양심을 두드리게 해야 합니다. 이는 웅변술과 시문학 사이에 긴밀한 연관성이 존재한다는 것을 보여줍니다. 마지막으로, 그는 청중들의 의지를 설득하고 움직여야 합니다. 이는 또한 웅변술과 덕목 사이의 상관성을 보여줍니다. 이 세 가지 중에 그 어느 것도 간과해서는 안 됩니다. 말이 웅변이 되기 위해서는 전인격으로부터 나와야 하며 그 말은 화자의 형상과 모양을 나타내야 합니다. 또한 그 말은 사람의 지성과 마음과 뜻의 전인격을 겨냥해야 합니다. 오직 이런 방식만이 목적을 달성할 수 있을 것입니다. 우리의 경우 피조적인 방식이기는 하지만, 자신의 말씀으로 자기 형상을 따라 만물을 창조하시고 재창조하시는 우리 주 하나님의 경우와 다르지 않습니다.

1. 따라서 웅변술은 화자가 말하고자 하는 주제에 대한 온전한 지식을 요구합니다. 소피스트들, 즉 계몽주의(*Aufklärung*) 시대의 사람들과 소크라테스(Socrates) 시대의 어법은 웅변술을 수사학적인 단어들과 과격한 문장들, 충격적인 그림과 교활한 말장난, 그리고 매혹적인 대조에 적용하여, 사람들의 양심에 충격을 가하는 일종의 기만과 재주로 전락시켰습니다. 같은 이름의 플라톤의 작품에서 고르기아스는 그것을 비밀로 하지 않습니다. 수사학자는 공부를 하지 않아도 자신의 말을 통해 그 주어진 주제에 대해 실제 전문가보다 더 아름답고 매력적인 방식으로 말할 수 있는 사람입니다. 정치인들과 정치를 논하며, 의사들과 의학을 논하며, 전사들과 전쟁을 논하는 그런 사람들 말입니다. 그는 연설가로서의 눈부신 재능으로 대중 집회에서 모든 사람을 능가하고 정복합니다. 그들의 최고의 기술은 흑백논리로 말하는 것(τον ηττω λογον χρειττω ποιειν)이었습니다. 효과를 나타내는 것, 성공을 이뤄내는 것, 그것만이 그들이 분투하는 목표입니다. 소크라테스와 플라톤은 이런 궤변을 반대했고, 이런 종류의 웅변술은 아첨하는(χολαχευτιχη) 기술일 뿐이며 그저 사람들의 욕망을 어

루만지고 미각을 자극시키는 것 외에 더 높은 목적이 없는 미식 (οφοποιιχη)과 같은 것으로 치부했습니다. 소크라테스는 웅변가가 그의 말의 아름다움으로 청중을 이기려 해서는 안 되며, 오히려 증거로 청중을 설득해야 하고 순간적인 성공을 좇아서는 안 된다고 말했습니다. 그는 반드시 신을 섬기는 자리에 있어야 합니다. 그는 도덕과 정의를 위해 자신을 내던질 줄 알아야 합니다. 플라톤은 말을 통해 영혼을 인도하는 것(ψυχαγωγια τις δια λογων)으로 참된 웅변술을 정의했습니다. 그리고 이것은 웅변가가 오직 신적인 기원의 덕목을 통해 인간의 영혼을 사로잡고 자극할 수 있는 최고의 사상에 대한 철학적 지식을 소유할 때 가능한 것으로 평가했습니다.

이런 강력한 반대에도 불구하고, 소피스트들의 세대는 수사학자들의 시대에 사라지지 않았습니다. 그들은 오늘날 우리 시대에 우리 곁에 여전히 살아있습니다. 페넬롱(Fénélon)[34]에 의하면, 그들이 무엇인가 말할 것이 있기 때문이 아니라, 말하고 싶어 하기 때문에 즉 반드시 말을 해야 하기 때문에 여전히 그런 많은 사람들이 존재합니다. 쇼펜하우어(Schopenhauer)[35]는 작가들을 다

---

34 프랑수아 페넬롱(François Fénélon: 1651-1715)은 프랑스의 로마 가톨릭 신학자이다.

35 아르투르 쇼펜하우어(Arthur Schopenhauer: 1788-1860)는 독일의 철학자이다.

음과 같은 세 부류로 구분했습니다. 첫째, 생각하지 않고 쓰는 사람들입니다. 쇼펜하우어는 이런 사람들이 가장 많다고 말합니다. 둘째, 쓰면서 동시에 생각하는 사람들입니다. 이런 사람들도 역시 매우 많습니다. 마지막 셋째는 이미 사상을 소유한 후에 글쓰기를 시작하는 사람들입니다. 이런 사람들은 매우 드물다고 말합니다. 이런 구분은 대중 연설가들에게도 정확히 동일하게 적용될 수 있습니다. 이러한 점은 설교단에서 공적으로 설교하는 사람들도 예외가 아닙니다. 아마도 이 문장이 여기 이곳보다 더 강력하고 중요한 위치를 차지하는 곳은 없을 것입니다. 거창한 목소리, 불타오르는 말, 사람을 끌어들이는 어조, 공허한 문장들, 아첨하는 용어들은, 그 결핍된 것을 견실하고 실제적인 연구를 통해 보완해야 할 것입니다. 말씀의 종은 반드시 선포할 하나님의 말씀을 가지고 있으며, 이러한 확신으로 그는 성경이 실제로 말하는 것 외에 무언가를 성경의 입에 두는 것을 가장 강한 표현으로 금지하기 때문에, 이는 더욱 주목할 만합니다. 하지만 성경 본문은 종종 사람들의 너덜너덜한 누더기를 걸치거나 사람들이 가장 좋아하는 의미를 거는 고리로 전락되기도 합니다. 따라서 풍유나 영해, 신비로운 의미, 더 깊은 의미, 진리 뒤에 있는 진리는, 사람들 자신의 생각을 성경과 타협시키는 과정이 됩니다. 이런 작업은 특별한 연구가 필요하지 않습니다. 그들에게는 창의적인 재주와 자유분방한 환상, 상당한 오만함 그리고 이런 것들을 억누르지 않는 양심만이 필요합니다.

이런 설교자들은 궤변론자들보다 더 큰 성공을 추구합니다. 그들에게 "모세는 왜 뱀의 머리가 아니라 꼬리를 잡은 것입니까?" 라고 물으면 그들은 감히 심오한 척하며, "낙원에서 그 머리가 짓눌렸기 때문입니다"라고 답합니다. 신비로운 눈짓을 하면서 그들은 모세 오경을 사마리아 여인의 다섯 남편으로 간주합니다. 그들은 이삭과 리브가의 결혼식을 그리스도께서 그의 신부인 교회를 맞이하는 것에 대한 그림자로 해석합니다. 어떤 이가 두려움 없이 이 모든 것을 선포하고 그보다 더 많은 것을 하나님의 말씀으로 전한다면, 그들은 더욱 더 성공을 누릴 것입니다. 하지만 복음의 종은 존경할 만한 정신과 의사 목사의 감동적인 설교에서 물타툴리가 쓴 냉소적이면서도 영적인 패러디를 진실로 만듭니다.[36]

설교단에서와 마찬가지로 회의실이나 법정에서 이와 유사한 어법에 맞서기 위한 효과적인 치료약은 단 하나뿐입니다. 그것은 바로 열심히 연구하고 확고한 지식을 갖추며 참된 학문을 배양하는 것입니다. 신실한 경건이 이에 대해 충분히 경계하고 있다는 것을 의미하는 것은 아닙니다. 이런 종류의 설교자에게 진심 어린

---

36 여기서 바빙크는 네덜란드 개혁교회의 예전을 패러디한 작품인 물타툴리의 『사상』 (*Ideeën*)에 등장하는 "정신과 의사" 목사를 지칭하고 있다. 하지만 이것은 "주 여호와"(*de HEER*)가 아닌 "보모"(*de BAKER*)를 가리키는 것이다. Multatuli, *Ideeën I* (Amsterdam: Funke, 1879), 297-305.

경건이 전혀 없는 것이 아닙니다. 하지만 이런 연구는 우리가 하나님의 이름으로 선포하는 것을 어떻게 하나님의 생각이라고 할 수 있는지 우리에게 가르쳐줍니다. 복음 설교자는 예수님께서 하신 것처럼 다음과 같이 말해야 합니다. "내가 내 자의로 말한 것이 아니요 나를 보내신 아버지께서 내가 말할 것과 이를 것을 친히 명령하여 주셨으니."[37] 단지 이것만으로도 틀림없이 설교단의 웅변술에 대해 존경심을 갖게 될 것입니다. 이런 존경심이 없다면, 웅변은 결코 발생하지 않았을 것이며, 계속 존재하지도 않았을 것입니다. 우리가 전하고자 하는 말씀의 신성함에 대한 확신이 없는 만큼, 우리의 설교는 영향력과 힘을 상실하게 될 것입니다. 우리와 동일한 상황에 처한 사람들 앞에 서서 우리보다 크신 분이 주신 신적 메시지를 전해야 하지 않겠습니까? 그렇다면, 누가 그들보다 높이 강단에 서서 영혼과 생명의 가장 중대한 문제로 그들을 분주하게 하고, 심지어 그들에게 영원한 "승낙"이나 영원한 "화"를 선언할 자유를 주겠습니까? 주님으로부터 부르심을 받은 사람들이 아니고서야 도대체 이런 일을 할 수 있는 사람이 누구란 말입니까? 오직 이런 사람들만이 웅변가가 될 수 있습니다. 이것은 결코 놓칠 수 없고 비견될 수 없는 말씀을 설교하는 능력입니다. 하

---

37 요한복음 12장 49절.

헤르만 바빙크의 설교론

지만 그가 선포하는 것은 자신의 것이 아니라 하나님의 말씀이라는 사실을 반드시 알아야 합니다. 그러므로 그저 사람을 기쁘게 하기 위한 어떤 견해들을 전하기 위해 하나님의 말씀을 사용하는 것은 무책임한 일이며 근본적으로 불신앙과 같습니다. 이런 종류의 웅변은 그것이 정통적으로 들릴지 모르지만 플라톤이 손기술과 같은 잔재주로 치부했던 아첨(χολαχευτιχη)의 한 부분일 뿐입니다. 그러나 유덕한 지식이 진정한 웅변술의 근본적인 요소라 할지라도 웅변적 연설을 그저 지식의 무기고로 가득 채우는 다른 극단으로 빠져서는 안 됩니다. 설교단은 학교의 강단이 아니며 교회는 학교가 아닙니다. 그럼에도 종종 이런 부분에서 실수를 범합니다. 우리의 개혁파 선조들은 종종 헬라와 라틴의 보물들을 약탈해 와서 회중 앞에 진열했습니다. 히브리어, 그리스어, 라틴어와 심지어 시리아어, 아랍어, 그리고 지리학, 역사, 고고학 등을 총동원해서 교회 전체를 학식 있는 목회자의 학문에 대한 경탄으로 가득 차게 만들어 버렸습니다. 이는 에버스데이크(Eversdijik) 목사는 메시아의 영광에 관한 그의 설교에 매우 강력하고 분명한 실례를 우리에게 남겼습니다.

친구란 그를 있는 모습 그대로 보며, 그를 향한 영적인 애정으로 가득 차 있는 존재라는 것을 우리는 읽게 됩니다. 신명기 13장 6절에서 우리는 그가 바로 우리 자신의 영혼과 같다는 것을 보게 됩니다. 그러므로 친구는 다른 자아, 즉 또 다른 나로 표현됩니다. 이는 뤼크리우스가 자신의 친구를 위해 기도할 때, "내 영혼의 또 다른 반쪽을 구원하소서(Serves animae dimidium meae)"라고 말한 것입니다. 그런데 그 속담은, "친구란 한 영혼이 두 몸 안에 있는 존재다(amicus una est anima in duobus corporibus)"입니다. 라에르티오스는 크세노크라테스가 플라톤을 대단히 사랑하며 흠모했다고 말합니다. 디오니소스가 플라톤에게 "누군가가 모든 힘을 다해 당신의 머리를 취할 것입니다(caput tibi quisquam tollet)"라고 말했을 때, 거기 서서, [그는 대답했습니다.] "그 누구도 쉽게 벨 수는 없을 것입니다(nullus id prius, quam istud abscindet)." 보십시오, 그런 친구야말로 메시아입니다.[38]

글쎄요, 이런 건 설교도 웅변술도 아닙니다. 그것은 사소한 학식의 과시와 단어의 게으른 전시에 불과합니다. 탄탄한 지식은 단순함을 배제하지 않고 포함합니다. 학식이나 배움은 지혜가 아닙

---

38 이와 같은 또는 다른 후기의 실례들은 다음 작품에서 찾아볼 수 있다. Jan Hartog, *Geschiedenis der Predikkunde en de evangelieprediking: in de protestantsche kerk van Nederland* (Amsterdam: Frederik Muller, 1861); Sincerus, *De Kanselontluistering in de Ned. Herv.Kerk tijdens de 17de en 18de eeuw aangewezen en gestaafd* (Amsterdam: 1852).

헤르만 바빙크의 설교론

니다. 베이츠(Beets)는[39] "지식을 배우지만 지혜를 추구하지 않는 자는 하녀와 함께 자려고 아내에게 작별을 고하는 자와 같습니다."라고 올바르게 말한 바 있습니다.[40] 사람들뿐만 아니라 여러분 자신조차 이해할 수 없는 말로 학식을 자랑하는 설교는 결코 예술이 아닙니다. 성경에 잘 기록되어 있는 것처럼, 견실한 설교를 위한 최고의 이상은 가장 심오한 사상을 평범한 노동자들조차 이해할 수 있도록 매우 단순하고 자연스럽게 말하는 것입니다. 이런 맥락에서 루터는 탁상담화를 통해 다음과 같이 말한 바 있습니다. "저는 배우지 못한 사람들을 위해 설교하고 그들 모두에게 권합니다. 그때 제가 그리스어나 히브리어를 알고 있다 하더라도, 우리 회중들이 식견이 높은 동료가 될 때까지는 저 혼자만 알고 기다립니다. 따라서 우리는 때때로 상황을 다양화하여, 사랑하는 우리 주님께서 그것에 대해 어떻게 할지 생각하시도록 합니다."[41]

---

39 니콜라스 베이츠(Nicholaas Beets: 1814-1903)는 "힐더브란트"(Hildebrand)라는 익명으로 글을 쓴 네덜란드 작가이며, 시인이자 설교자이다.

40 "Hij die de kennis zoekt en wijsheid niet daarbij, vrijt naar de kamenier en gaat de vrouw voorbij."

41 다음 작품과 함께 비교해보라. Martin Luther, *Martin Luther's Tabletalk*, ed. William Hazlitt (Fearn, Scotland, UK: Christian Focus Publications, 2003), 276-77. "저는 설교 시간에 히브리어, 그리스어 또는 외국어를 사용하는 설교자를 사용하지 않을 것입니다. 우리는 집에서 말하는 것처럼 교회에서도 모든 사람이 알고 있는 모국어로 쉽게 설교해야 합니다. 법정에서는 변호사나 변호인들이 그런 진기한 단어들을 사용하는 것이 허용될 수 있습니다. 슈타우피츠(Staupitz) 박사는 비록 매우 학식 있는 분이었지만 식상한 설교자였습니다.

2. 하지만 지식만으로는 웅변가에게 충분하지 않습니다. 철학자는 논증하고 확신시키며 지성과 이해에만 집중합니다. 그러나 웅변가는 단순히 증명하거나 서술하지 않고 무엇인가를 권합니다. 웅변가는 양심과 상상력에 초점을 둡니다. 따라서 웅변술은 시와 깊은 관련이 있습니다. 시 예술은 웅변의 어머니였습니다. 호메로스는 시와 웅변의 역사 모두의 아버지였습니다. 데모스테네스는 호메로스의 예술에 주목했고 그를 모방하기도 했습니다. 특별히 동양에서 웅변과 시는 함께 발전했습니다. 옛 언약의 선지자들은 웅변가들이었고 또한 시인들이었습니다. 그들이 사용한 언어의 조화로운 리듬은 이를 증명해줍니다. 예수께서 사용하신 비교와 대조는 이 둘을 결합합니다. 고린도전서 13장은 바울의 웅변이자 동시에 사랑에 대한 찬가입니다. 하지만 서서히 웅변술과 시는 분리되었습니다. 웅변술은 점점 독립하게 되었고 시에서 점점 멀어져 갔습니다. 서구 사람들에게 지성은 상상력보다 더 강조됩니다. 우리는 실체보다는 추상의 세계에 살아갑니다. 반성과 고찰이 직관을 통제합니다. 우리는 "아름다움보다 진리를, 영광스러

하지만 사람들은 마치 평범한 그들의 형제가 그들에게 이해하기 쉽게 말하는 것처럼 그의 설교를 들었습니다. 교회에서 칭찬이나 격찬 등을 추구해서는 안 됩니다. 성 바울은 데모스테네스나 키케로가 그랬던 것처럼 그런 고상하고 위엄 있는 말을 한 번도 사용한 적이 없습니다. 도리어 바울은 높고 위엄 있는 문제들을 적절하고도 매우 단순하게 말했습니다. 그리고 바울은 이 일을 매우 잘 수행했습니다."

헤르만 바빙크의 설교론

운 말보다 건전한 이해를, 장식보다는 지혜를" 갈망합니다. 우리는 대중적인 시의 시대에서 점점 멀어지고 있습니다. 중세 시대의 순전함마저도 지나갔으며 이제 다시는 돌아오지 않을 것입니다.

하지만 웅변술과 시는 여전히 연결되어 있습니다. 그들은 마치 가족과 같습니다. 그들은 혈연관계입니다. 이러한 연관성은 웅변과 시에 공통적으로 구현되는 것, 즉 어떤 대상을 잘 보여주기 위해(*de faire voir les objects*) 표현을 생동감 있고 명료하게 하는 것, 이미지와 그림을 사용하는 것, 공통적인 재능을 사용하는 것 등을 통해 두드러지게 나타납니다. 웅변가는 언제나 그가 말하는 것이 무엇인지 우리로 하여금 인식하게 해야 합니다. 연설은 논증이지만 동시에 스펙터클한 드라마와 같습니다. 예를 들면, 웅변은 죄가 무엇인지 단순히 교조적인 용어로만 묘사하지 않습니다. 그것은 동시에 죄가 얼마나 끔찍한 것인지 그 파괴적인 권세를 보게 해 줍니다. 웅변은 다양한 죄의 모습을 교의적인 형태로 묘사하지 않습니다. 웅변은 죄가 무엇인지를 단지 모방하는 것이 아니라, 술고래, 비참한 사람, 세상의 노예 그리고 불결한 마음 등과 같은 생동감 있는 표현으로 나타내 보여줍니다. 웅변은 미덕과 신앙을 그저 철학적으로 다룬 것만을 제공하지 않습니다. 도리어 웅변은 살아있는 몸을 통해 우리 눈앞에서 그것을 시연해 줍니다.

복음 설교자는 기독교의 모든 것이 구체적이고 명백하며 인격적이기 때문에, 혹은 [이를 위한] 가장 심오한 근거를 원한다면 기독교가 삼위일체적이기 때문에, 이런 웅변을 가장 잘 수행할 수 있어야 합니다.[42] 이 점에서 말씀의 종은 시민적, 법률적, 사회적 세계의 그 어떤 연설가보다 훨씬 우월합니다. 만일 말씀의 종이 그저 사물의 피상적인 표면에 머무르지 않고 감히 더 깊은 곳으로 내려가고자 한다면, 그는 자신이 창조와 구원과 성화 안에서 얼굴을 마주하고 서 있는 한 사람을 발견하게 됩니다. 그러므로 성경은 처음부터 끝까지 하나의 장대한 역사입니다. 성경은 추상적인 추론이나 교조적인 논증을 제공하지 않습니다. 말에 대해 성찰하는 언어는 성경에 존재하지 않습니다. 성경은 논쟁하는 대신 그림을 그립니다. 성경은 설명하는 대신 이야기를 들려줍니다. 성경은 증명하지 않고 보여줍니다. 이 점에서 성경과 비견할 만한 다른 책은 이 세상에 없습니다. 성경에 있는 모든 것은 명료하고 예술적이며 구체적이고 독창적이며, 근원에서 흘러나오는 맑은 물처럼 언제나 신선합니다. 성경은 생명의 언어, 마음의 언어, 직관성의 언어, 영감의 언어로 말합니다. 따라서 성경은 모든 사람들이 이해

---

42 이 문장에서 바빙크가 말하는 명확한 의미는 분명하지 않다. "En dat kan de Evangelie-prediker te beter doen, wijl in het Christendom alles concreet, aanschouwlijk, persoonlijk, of wilt gij den diepsten grond, wijl het trinitarisch is." *De Welsprekendheid*, 42-43. 바빙크는 설교가 그 내용에 있어서 반드시 풍성하고 깊어야 한다고 주장했지만 추상적이거나 교조적 고찰에 머물러서는 안 된다고 말했다. 설교는 단순히 묘사해서는 안 되며 반드시 설명적이어야 하며 이야기를 들려주는 것이어야 한다는 것이다.

헤르만 바빙크의 설교론

할 수 있고 모든 세대에 미치며 시간이 흘러도 낡지 않습니다. 따라서 성경은 최상의, 아주 독특한 의미의 고전이라 할 수 있습니다. 성경에 따르면, 하나님의 생각이 역사를 통해 이루어져 가고 있습니다. 예언과 역사는 **하나**입니다. 처음부터 끝까지 전체적으로. 성경은 육신, 성육화 하신 말씀, 신인동형동성화 하신 신성한 분(divine anthropomorphizing), 곧 신격이 육체의 형태로 거하시며 이상이 실재가 되게 하시는 분, 모든 것이 그분을 중심으로 넓은 궤도를 그리며 영적인 위치에 놓이게 하시는 그분을 고려합니다.[43] 하나님과 사람, 영과 물질, 하늘과 땅, 지성과 마음이라는 추상적인 이원론이 여기서 가장 친밀한 일체로 화목하게 됩니다.

그러므로 웅변술의 두 가지 요구를 성취하기 위해서 성경을 연구하는 것보다 더 좋은 것은 없습니다. 이와 관련하여, 모든 설교는 성경의 역사적 기독교와 결별할 때 그 명료성을 상실합니다. 예를 들면, 초기와 후기의 비참한 합리주의에서 이것을 살펴보십

---

[43] 이에 대해서는 바빙크의 다음 작품을 참조하라. Herman Bavinck, *Reformed Dogmatics: Prolegomena*, ed. John Bolt, trans. John Vriend (Grand Rapids: Baker, 2003), 383. "하나님은 역사의 중심에서 유기적 중심을 창조하셨다. 그리고 이 중심에서 점점 더 확대되는 국면들이 그려지는데 하나님은 그 안에서 계시의 빛이 비추는 그 궤도를 이끄신다... 이제 현재는 하나님의 은혜가 모든 사람에게 비추인다. 성령은 모든 것을 그리스도에게서 취하시고, 계시에 그 어떤 것도 부가하지 않으신다... 그리스도 안에서 하나님은 충분히 자신을 계시하셨을 뿐만 아니라 완전히 자기 자신을 주셨다. 결과적으로 성경이 완성되었고 그것은 완전한 하나님의 말씀이다."

시오. 할 수 있다면, 셈족을 야벳족과 바꾸어 보십시오.[44] 역사 속
에서 신적인 사상을 제거해 보십시오. 하지만 [그렇게 함으로] 여
러분은 기독교의 정수와 핵심을 제거할 뿐만 아니라 그 시적인 신
앙도 빼앗게 될 것입니다. 시와 신앙을 새롭게 결합하고, 시들어가
는 지성의 개념에 새로운 생명을 불어넣으려는 최근의 시도들은
헛된 일이었습니다. 상상력과 노래 그리고 예술에 대해 도움을 요
청하는 것조차 이런 빈곤을 풍요롭게 하지 못합니다. 합리주의는
곧 시의 죽음입니다. 합리주의는 모든 것을 심지어 언어조차 추상
적으로 만들어 버립니다. 그저 하나님은 가장 지고한 존재가 되
고, 메시아는 단지 나사렛에서 출생한 현자가 되며, 속죄를 위한
화목은 그저 하나의 모범이 되고, 죄는 그저 부족함에 지나지 않
게 되며, 회심은 자기 개선이 될 뿐입니다. 상징적이며 그림 같은
단어들은 모두 건조한 개념을 만들기 위한 길이 될 뿐입니다. 참

---

44 이 인용은 아마도 카르트벨리족과 셈족 언어가 서로 관련되어 있다고 주장한 니콜라스
    야코블레비치 마르(Nicholas Yakovlevich Marr: 1865-1934)의 야벳족 이론을 지칭하는 것이다.
    이 이론은 구소련의 언어학자들 사이에서 인기를 얻었다. W. K. Matthews, "The Japhetic
    Theory," *The Slavonic and East European Review 27*, no. 68 (December 1948): 172-192.
    이에 대해서는 바빙크의 다음을 참조하라. Herman Bavinck, *Reformed Dogmatics: Holy
    Spirit, Church and New Creation*, ed. John Bolt, trans. John Vriend (Grand Rapids: Baker,
    2008), 661. 모든 구약의 개념들은 그 외면적인 국가적 이스라엘의 의미를 벗어버렸고 영
    원하며 영적인 의미를 통해 드러나게 되었다. 이제는 분젠(Bunsen)이 소망했던 것처럼 더
    이상 셈족의 개념을 야벳의 개념으로 바꿀 필요가 없다. 왜냐하면, 신약 자체가 구약의 특
    수한 개념들에 보편적이고 우주적인 의미를 부여했기 때문이다.

된 웅변술은 사상을 삽화를 넣어 묘사해주는 반면에, 합리주의는 역사의 명료성을 차가운 정신적 이미지로 녹여버립니다. 그러므로 합리주의와 웅변술은 합리주의와 시가 싸우는 것만큼 서로 치열하게 싸웁니다. 참된 웅변은 삽화와 같습니다. 그 손에서는 관념이 살아나기 시작하고, 사상이 살과 피가 됩니다. 예를 들어, 유명한 클레르보의 베르나르(Bernard of Clairvaux)가 구원하시는 하나님의 작정을 사람들에게 선포하려 했을 때, 그는 자비, 진리, 평강. 지혜라는 네 가지 신적 속성들이 우리에게 말하고 우리를 위해 행동하는 것으로 제시했습니다. 이런 웅변술이야말로 사람들을 자극하고 그들이 설교자의 입을 주목하게 합니다. 느낌에서 태어난 그것[웅변]은 상상력의 언어를 통해 자신을 알립니다. 또한 빌더르데이크의 아름다운 이미지에 따르면, 상상력이란 시를 잉태한 자궁인데 느낌에 의해 영양분을 공급받아야 합니다. 이를 통해 웅변술과 시는 "새롭게 태어난 우주"가 됩니다.

> 그의 힘의 날개를 짊어진 곳,
> 경건한 충만함으로 빙빙 돌고 떠다니며,
> 시는 그 무덤에서 빛나는 세상을 부르네.[45]

---

45 이 시는 다음과 같은 빌더르데이크의 "Aan de verbeelding"(1818) 시에서 인용한 것이다.

물론 사람들이 이 점에서 지나치게 극단으로 갈 수도 있습니다. 때때로 이 국면에서 과잉(*das Guten zuviel*)이 존재합니다. 웅변술과 시의 연관성은 확실히 설교가 반드시 운율을 지녀야 한다는 의미는 아닙니다. 비록 사람들 사이에 이것이 관습으로 자리 잡았는지는 모르겠지만, 과거에는 분명히 목사들 사이에 이런 문화가 있었습니다. 안투안 크루전(Antoine Croezen) 목사는 1737년 로테르담 새 교회(Nieuwe Kerk in Rotterdam)의 취임 설교를 다음과 같은 시적 운율로 시작하며 사람들을 예배로 초청했습니다.

성부와 성자 하나님이시여 우리에게 복을 주소서.
성령 하나님이여 우리에게 복을 주소서.
모든 이들이여 경배하라
오직 하나님만 두려워할 이시라.[46]

Verbeelding, welige aâr, en vruchtbre moederschoot,
Uit Wien, door 't hart bevrucht, een nieuw heelal ontsproot,
Waarin, op vleuglen van zijn almacht rondgedragen,
De dichtgeest zwiert en zweeft met Godlijk zelfbehagen
En warelden vol glans hervoort roept.

46 Ons zegen Vader ende Soon,
Ons zegen d'Heijlige Geest,
Dien al de wereld eer betoon,
Voor Hem hun verse meeste.

크루전의 설교에서 이 구절과 교차되는 또 다른 문장은 다음과
같습니다.

지극히 귀하신 예수시여, 우리가 여기 있나이다.
당신과 당신의 말씀에 순종하길 원합니다.
그렇게 우리 언어는 말씀 따라 앞으로 나아갑니다.
그 능력은 헛되지 않습니다.
우리 마음이 환희를 알게 하소서.
당신의 미덕에 도취되게 하소서! 아멘.[47]

그보다 더 어리석은 사람은 교리문답 교사였는데, 그는 경건한 벨
링히우스(Velingius) 목사에 대한 연설에서 자신의 시적 경향을
다음과 같이 표현했습니다.

경건을 잠시 멈추고 입을 맞추었다네.
벨링히우스를 위하여.[48]

---

47 Liefste Jesu, wij zijn hier
       U en Uw woord aan te horen;
       Onze zinnen so bestier,
       Dat zijn kragt niet gaa verloren
       Maar ons hart daarvoor bewogen
       Tot u werde opgetoen! Amen.

48 De Godsvrucht zweeg en gaf een kus

그러나 이 점에서 무미건조한 설교자들은 그들의 상상력을 발휘하지 못했습니다. 메이스(Mees) 목사가 사라의 장례식에 대한 설교 제목을 "창조 후 2145년, 그리스도께서 나시기 1858년 전, 127년을 산 이후, 그녀의 남편이 산 지 138년이 되던 해에, 헤브론의 막벨라에 3539년 동안 묻힌, 탁월한 족장이자 선지자이며 하나님의 친구인 아브라함의 작고한 부인, 복된 공주 사라의 위엄 있는 슬픈 장례식"이라고 정한 것이 훨씬 더 인위적이고 부자연스러웠습니다. 로테르담의 젤로테스(Zelotes) 목사가 본문을 "오늘 우리의 본문 말씀은 모세의 큰 바다의 네 번째 샘, 열다섯 번째 그릇, 열두 번째 방울에서 창조되었습니다."[49]라고 선언했을 때, 그것은 전혀 만족스럽지 않은 것이었습니다. 테오드 아 브렝크(Theod. à Brenck)의 현실적인 묘사를 인정하기는 더욱 어렵습니다. "물이 배에 흘러 들어왔을 때 그것을 양동이로 다시 버립니다. 이처럼 다윗은 자신의 영혼인 배에 하나님의 계명을 어긴 틈으로 흘러 들어온 죄의 물을 정직한 고백의 양동이를 통해 버렸습니다." 과거 시대에는, 이런 나쁜 취향을 좋아했습니다. 그 때는 사랑의 열병에 걸린 젊은이가 자기 마음에 쏙 들어 선택한 사람에게 하는 말

Uit eerbeid aan Velingius.

49 이는 민수기 15장 12절의 시적 인용이다.

헤르만 바빙크의 설교론

을 글로 썼던 유명한 시인 얀 보스(Jan Vos)의[50] 시대였습니다.

> 홀을 미끄러지게 놔두고
> 내 입술을 당신의 입술에 대면
> 입맞춤으로 우리는 하나가 된다네.

저는 오늘날의 사람들이 이런 거짓되고 기발한 재주를 매력적으로 느끼지 않을 것이라고 주장하지는 않습니다. 이런 천박한 이야기꾼들은 항상 대다수의 사람들을 흥분시켜 왔습니다. 졸라(Zola)[51]의 자연주의(naturalism)와 현실주의(realism)는 많은 사람들의 취향에 따라 종교의 영역으로 발전했습니다. 하지만 우리는 이런 대중적인 연설가들에게서 배울 점 한 가지가 있는데, 그들의 예술적이며, 생동감 넘치며, 그림 같은 연설의 우수함이 바로 그것입니다. 화자는 청자로부터 단 한 순간도 자신을 고립시키지 않으며 차가운 독백을 지절거리지 않습니다. 그와는 반대로 그는 끊임없이 자신의 청중들에게 몰두하며 그들을 바라보고 호소하며 질문을 던지고 그들의 입을 막고 반대와 저항을 제거해 버립

---

50 얀 보스(Jan Vos: 1612-1667), 네덜란드의 시인.

51 에밀 졸라(Emile Zola: 1840-1902)는 연극 기법의 자연주의적 발전에 있어서 중심 역할을 한 프랑스의 작가이다.

니다. 그는 자신의 독자들을 잠시라도 그냥 내버려두지 않고 그들을 붙잡고 자신의 이야기에 깊숙이 관여하게 합니다. 그는 독자들에게 말하고 그들과 교류합니다. 여기에는 일종의 교환, 교류, 거래가 눈에서 눈으로, 손에서 손으로, 영혼에서 영혼으로 이루어집니다. 그에게 연설은 하나의 단일하고도 극적인 행동이어야 합니다. 빌더르데이크가 시인들을 질책했던 것처럼, 웅변술이란 무엇보다도 이런 목적에 도달해야 합니다.

> 모든 마음을 손에 붙잡으라!
> 우리의 창자에 굴을 파고 뿌리를 내리라!
> 상상력과 지성을 지배하라!
> 그대의 손가락으로 우리 마음을 빚으라!
> 번개를 칠 수 있도록 목성에게서 배우라!
> 이를 통해 영혼에 불을 지피라!
> 대중은 하늘에 있고 그대를 바라보니
> 그대 마음속의 충격의 감정을 따라가기를!
> 그대의 노래의 색조가 도달하는
> 슬픔과 기쁨, 빛과 떨림은 떨어지거나 올라가거나
> 또는 요지부동인 절망에 가라앉는다네.
> 증오와 사랑은 스스로를 개방하고
> 사람을 형벌에 묶어 그대의 손으로 끌고 왔도다.
> 의지도 생명도 느끼지 못한다네.
> 오직 그대가 파도 속에서 그것을 끄집어낼 때

헤르만 바빙크의 설교론

오직 그대의 노래의 색조만이 그것을 줄 수 있다네.[52]

3. 웅변술과 시가 친밀하게 연결되어 있더라도 또한 그것들이
서로 비슷하다 할지라도, 웅변술은 시보다 훨씬 고등한 것입니다.
웅변술은 직접적이고 즉각적인 목적을 달성해야 하며, 우리의 양
심에 시가 주는 그런 동일한 감정과 정서를 불러일으켜야 합니다.
말하자면, 웅변술은 단순히 우리 지성에만 호소하는 것이 아닙니
다. 웅변술은 단순히 양심을 격동시키고 자극하는 것이 아닙니다.
그것은 우리 영혼의 감정에도 만족하지 않습니다. 상투적인 표현

---

52 Houdt aller harten in uw handen!
Doorwoelt, doorwroet onze ingewanden!
Beheerscht verbeelding en verstand!
Kneed, kneed onze inborst met uw vingren!
Leert van Jupijn den bliksem slingeren!
Maar zet er zielen mee in brand!
't Gemeen moog' vruchtloos naar den hoogen
U starend trachten na te oogen
't Gevoele u in 't geschokte hart!
Het ween, het lach, het gloei, het ijze,
Naar dat uw zangtoon dale of rijze,
Of zink' in onbeweegbre smart.
Het haat', het minn', het zet zich open,
Het krimp' naar 't onweerstaanbre nopen
Der geesel, daar uw hand mee zweept,
En heb gevoel, noch wil, noch leven,
Dan die 't uw zangtoon weet te geven,
Die 't in zijn golving medesleept.

을 빌리자면, 설교의 궁극적 목표는 하나님의 집을 눈물로 가득 채우는 것이 아닙니다. 비치우스(Witsius)[53]가 칭한 바와 같이, 영혼을 동요시키고 눈물샘을 자극하는 설교자가 항상 최고의 설교자인 것은 아닙니다. 베이츠의 다음 말은, 감정을 불러일으키는 자극적인 설교자들에게 적합합니다.

> 그대는 얀 바르(Jan War)의 설교가 감동적이라고 말합니다.
> 오, 나도 그것을 믿고 싶습니다.
> 오직 그의 말만이 냄비를 휘젓고
> 스튜를 위 아래로 돌릴 수 있습니다.[54]

참된 웅변술은 양심을 뒤흔드는 것 이상을 목표합니다. 웅변술은 사람의 의지를 움직이기 위해 그의 지성과 마음을 관통하려 합니다. 연설가는 그의 청중들이 자신처럼 생각하고 느끼고 행동하기 전까지는 결코 만족하지 않을 것입니다. 웅변술에서 말은 우선 최고의, 개혁하는, 재창조하는 권세에 접근합니다. 그것은 근원적이며 절대적인 하나님의 말씀에 가장 가깝게 다가갑니다.

---

53 헤르만 비치우스(Herman Witsius: 1636~1708)는 네덜란드의 신학자이다.

54 Jan War preekt roerend, zegt gij. Kom,
Ik wil het ook gelooven.
Hij roert een pot met woorden om,
En hutst het onderst boven.

헤르만 바빙크의 설교론

그러므로 언어를 통달하지 않은 참된 웅변술이란 생각조차 할 수 없습니다. 1849년 흐로닝언 대학교 교수직을 수락하면서, 드 프리스(De Vries) 교수는 이것을 웅변술에서 치명적으로 중요하게 요구되는 특징이라고 지적한 바 있습니다. 그는 이를 다음과 같은 숙련된 말로 묘사했습니다. 만일 화자가 언어의 내용을 내면화하여 자신과 언어가 거의 하나가 된다면, 언어가 그 자체로 질료와 정신이 모두 화자의 소유가 되어 그 안에 있는 모든 보화들을 즉시 잘 사용할 수 있게 된다면, 만일 화자에게 떠오르는 모든 생각과 그가 느끼는 정서가 마음속에 즉시 생생하게 떠오르는 최고의 단어와 표현을 불러일으킨다면, 만일 일치와 연결, 곡선과 꺾임, 형태의 교환과 회전, 모든 감정의 힘줄이 떨리면서 하나의 색조로 합쳐지며, 절대적인 최상의 단계와 가장 순수한 일치를 증명하게 된다면, 그리고 마지막으로 영혼에 의해 언어의 거울에서 각각의 이미지가 강력하고 명료하게 포착되어, 그 신선함이 이른 안개와 같이 살아있는 말에 반영된다면, 그때 비로소 그는 승리합니다. 그렇게 되면, 언어는 궁극적으로 그 주인을 만난 셈이 됩니다.

언어에 대한 이러한 통달은 우리가 먼저는 사람들의 양심에 대한 지배를, 그리고 그들의 의지에 대한 지배까지도 보장해 줍니다. 이것은 단순히 이리저리 부는 바람에 따라 돌아가는 풍향계가 아닙니다. 도리어 그 존재는 인간 본성에 깊이 뿌리박혀 있습니다. 그러므로 복음 설교자는 자신의 청중들에게 하나님과 반드시 화목해야 할 것을 간청해야 합니다.[55] 웅변술은 탄원이며 드라마이자 행동입니다. 결국 웅변술은 이 모든 것을 다 합친 것 그 이상입니다. 웅변술은 투쟁이요 분투입니다. 설교자는 반드시 자신의 청중과 씨름해야 합니다. 설교자는 반드시 청중을 설득해야 합니다. 그는 청중들이 스스로 포기하고 그들 자신을 내어 줄 때까지 이 싸움을 포기해서는 안 됩니다. 그는 모든 반대를 제거하고 모든 핑계를 물리치고 모든 탈출구를 봉쇄해야 합니다. 그는 마치 이스라엘 백성들이 그랬던 것처럼 청중들을 앞뒤좌우 어느 곳으로도 움직일 수 없는 좁은 곳으로 그들을 몰아가야 합니다. 그들이 오직 도움을 구해야 할 곳, 하늘을 바라보게 해야 합니다.

말씀 사역의 엄중함과 무거운 책무는 그 설득의 과업에서 분명하게 드러나며 그 무엇보다도 논증과 예증에서 더욱 두드러집니다. 그럼에도 개혁파 신앙고백의 관점에서 보자면 이 과업은 비록 무거워도 감당할 만한 것입니다. 만일 회심이 사람의 의지에 좌우되며, 의지가 그 자체로 마음의 내용을 점령할 수 있다면, 복음

---

55 고린도후서 5장 20절.

설교는 사람이 감당하기 매우 어려운 일이 될 것입니다. 청중들의 의지를 굴복시키지 못하는 각 설교는 여러분 자신과 여러분의 노력과 근면을 반대하는 증거가 될 것입니다. 그렇다면, 그것은 감당할 수 없는 자책이 되고 말 것입니다. 만일 더 강력한 말과 진지한 노력이 있었더라면, 여러분의 웅변술로 인간의 의지가 구부러질 수 있었을지도 모릅니다. 그러나 인간의 의지는 그렇게 해서는 꺾이지 않으며, 하나님의 영이 인간의 의지에 대한 지배권을 행사하시기 때문에, 오직 그것으로 인하여 웅변술의 설득력 있는 요구는 비로소 설교자가 책임질 수 있는 과업이 될 수 있습니다. 즉, 말씀 설교에는 성령의 역사가 동반되기에, 목사의 말은 그저 성령의 전능한 손 안에 있는 수단일 뿐입니다.

이 실제적이고 윤리적인 목적에 관하여 많은 사람들은 웅변술이 선과 미덕과 밀접하게 연결된다고 주장했습니다. 키케로가 주장하였고, 퀸틸리아누스가 거듭 말한 것처럼, 진정한 연설가가 되기 위해서는 유덕한 사람이 되어야 합니다.[56] 소크라테스 역시 수사학자는 반드시 신을 섬기고 정의와 도덕을 위해 자신의 재

---

56 "Oratorem nisi qui sapiens esset esse neminem, atque ipsam elo- quentiam, quod ex bene dicendi scientia constaret, unam quondam esse virtutem et qui unam virtutem haberet omnes habere," Cicero, *de Orat.*, I. 18. "Neque tantum id dico, eum qui sit orator, virum bonum esse oportere, sed ne futurum quidem oratorem, nisi virum bonnum....Non igitur unquam malus idem homo et perfectus orator." Quintilianus, *Instit.* XII, 1.

능을 사용해야 한다고 주장했습니다. 우리 시대의 저명한 연설가인 테러민(Theremin)[57] 역시 웅변술은 미덕이며 수사학은 윤리의 한 부분이라고 말했습니다. 이런 주장이 확실히 지나친 면은 있습니다. 웅변술은 재능인데, 죄를 섬기는 일에 사용하는 사람들에게서도 그 재능이 발견되기 때문입니다. 미라보와 하인리히 하이네(Heinrich Heine)[58], 그리고 물타툴리는 이에 대한 엄청난 증거를 제공합니다. 그럼에도 테러민의 주장은 심오한 진리를 내포합니다. 웅변술과 미덕의 연관성은 자연스러운 반면, 웅변술과 죄는 부자연스럽고 항상 인위적으로 만들어집니다. 아름다운 것은 진실한 것의 평범하고 유일하며 자연스러운 옷입니다. 거짓과 죄는 진리와 거룩함의 옷을 강탈할 수 있고 마치 빛의 천사들처럼 옷 입을 수도 있지만, 진리는 본질적으로 우아합니다. 진리는 그 단순성의 미덕으로 인해 아름답습니다. 진리는 화려한 보석이 필요하지 않습니다. 그러나 거짓은 그 자체로는 초라하기에 진실의 의복으로 몸을 감싼 채 진실에 경의를 표할 수밖에 없습니다. 벌거벗은 거짓은 오직 사탄을 기쁘게 할 뿐, 그 어떤 사람

---

57 루트비히 프리드리히 프란츠 테러민(Ludwig Friedrich Franz Theremin: 1780-1846)은 독일의 개신교 신학자이다.

58 크리스티안 요한 하인리히 하이네(Christian Johann Heinrich Heine: 1797-1856)는 독일의 시인이며, 수필가이자 풍자 작가이다.

헤르만 바빙크의 설교론

도 기쁘게 하지 못합니다. 그 누구도 자원해서 거짓말을 좋아하지는 않습니다. 의심의 여지 없이 이렇게 거짓을 설교하는 사람들이 존재해 왔습니다. 거짓 예언은 언제나 강력한 웅변적 재능을 나타냅니다. 루소(Rousseau)의 **사보이 사제의 신앙고백**(*profession de foi du vicaiare Savoyard*)[59]은 아름다움으로 가득 차 있습니다. 미라보의 웅변은 압도적이었습니다. 백성들의 모임을 해산시키라는 왕의 명령에 그가 대답한 놀라운 말을 기억해 보십시오. "가서 그대의 주인에게 말하시오. 우리는 국민의 힘으로 여기 서 있으며, 오직 무력의 힘으로만 다 제거할 수 있을 것입니다." [*Allez dire à votre maître, que nous sommes ici par la puissance du peuple, et qu'on ne nous en arrachera que par la puissance des bajonettes.*] 라므내의 **신자의 말**(*Paroles d'un croyant*)[60]은 성경의 양식을 취한 혁명 찬가입니다. 이들 중에 그 누구도 이교도인 소크라테스가 요구한 것처럼 그들의 재능을 신을 섬기는 일에 사용하지 않았습니다. 그럼에도 그들은 웅변적이었는데, 이는 그들이 옹호한 진리의 요소를 통해서만 그렇게 될 수 있었습니다. 그리고 무엇보다도 이는 거짓을 진실로 받아들인 확고한 신념을 통

59 Jean-Jacques Rousseau, "La Confession de foi du vicaiare Savoyard," in *Oeuvres complètes de J J. Rousseau: Emile, Tome II* (Paris: Dupont, 1823), 14-207.

60 Hugues-Félicité Robert de Lamennais, *Paroles d'un croyant* (Paris: Bibliotheque Nationale, 1897).

해서만 가능했습니다. 이런 신념에 대한 감각이 없이는, 인간의 웅
변술이란 불가능할 것입니다. 따라서 웅변은 오직 자유로우며 그
본성에 따라 진리와 거룩함을 섬길 때만 가장 높은 승리에 이를
수 있습니다. 이런 방식으로 웅변술은 정신을 계몽했을 뿐만 아니
라 양심을 흔들어 깨우고 사회를 새롭게 하고 도시를 구하며 국가
의 모습을 변화시키는 강력한 역할을 수행했습니다. 말에는 믿기
지 않는 거의 신성에 가까운 힘이 있습니다. 필리포스 2세에게로
향한 데모스테네스, 카틸리나에게로 향한 키케로, 피라미드 앞
에 서 있는 나폴레옹(Napoleon)을 생각해 보십시오. 1848년 파
리 시청의 연단에 서서 강력한 연설로 난폭한 폭도들을 제압한
라마르탱(Lamartain)[61]을 생각해 보십시오. 아니면, 여러분은 설
교단에서 펼쳐지는 웅변술의 실례를 보고 싶으십니까? 그렇다면
1701년 사순절에, 루이 14세와 그의 왕실을 위해 진행했던 마시옹
(Massillon)[62]의 설교를 떠올려 보십시오. "택함을 입은 자는 적으
니라"[63]는 제목의 설교에서 다음과 같은 신랄한 내용을 기억해 보

---

61 역자 주, 알퐁스 드 라마르탱, 프랑스의 시인이자 역사가이자 정치가: 1790-1869.

62 장-밥티스트 마시옹(Jean-Baptiste Massillon: 1663-1742)은 프랑스의 로마 가톨릭 주교이다.

63 여기서 바빙크는 프란츠 테러민의 독일어 원문의 네덜란드어 번역본인 스하데(J. Schade)
의 작품을 인용한다. J. Schade, *Demosthenes und Massillon* (Berlin: Duncker und Humbolt,
1845). 이에 대해서는 다음 작품을 참조하라. Franz Theremin, *Demosthenes en Massillon:
Eene Bijdrage Tot de Geschiedenis der Welsprekendheid*, trans. J. Schade ('s-Gravenhage: J.

시기 바랍니다.

그러므로 형제들이여, 이제 저는 여기 모인 여러분들에 대해 생각해 보고자 합니다. 저는 다른 사람에 대해 말하는 것이 아닙니다. 여기 모인 여러분들이 제 말을 듣기에 합당하다고 생각합니다. 어떤 생각이 나를 사로잡고 주저함 없이 여러분들에게 말하게 하는지 보십시오. 저는 여러분의 마지막 시간이 지나고 이 세상에 종말이 도래했다는 것을 상상해 보길 원합니다. 예수 그리스도께서 충만한 영광 가운데 그의 성전 한 가운데 나타나실 때 하늘이 여러분 위에 열릴 것입니다. 여러분이 여기 모인 것은 그리스도를 기다리는 것 외에 다른 목적이 없습니다. 행악자로서 두려워 떠는 동안 은혜 혹은 영원한 죽음에 대한 정죄가 선포될 것입니다...

이제 저는 여러분에게 묻습니다. 제가 이 질문을 여러분에게 던지는 동안 저는 고뇌하는 마음으로 몸서리치고 있습니다. 왜냐하면, 저는 제 운명이 여러분의 운명과 분리되기를 원하지 않기 때문입니다. 저는 여러분이 그러한 것처럼 저 자신이 주님의 처분을 받기를 원합니다. 자, 그럼 이제 여러분에게 묻습니다. 만일 온 우주에서 가장 위엄 있

M. van 't Haaff, 1847), 165.

웅변술

는 예수 그리스도께서 그의 성전에 나타나시고 우리 모임 한 가운데 오셔서 양과 염소 사이를 무시무시하게 분리하신다면 여기 모든 대다수는 주님의 오른편에 있을까요? 여러분은 양측의 차이가 엄청날 것이라고 믿지 않으십니까? 여러분은 주님께서 다섯 고을에서 찾지 못하셨던 의인 열을 여기서 찾으실 지도 모른다고 믿지 않으십니까? 여러분에게 묻습니다. 이는 여러분도 모르고 제 자신도 모르는 일입니다. 오, 오직 하나님 당신만이 누가 당신께 속해 있는지를 아십니다. 하지만 누가 그분께 속한 사람인지 우리가 모른다 할지라도, 적어도 우리는 죄와 악을 행하는 자들은 결코 그분에게 속하지 않는다는 것을 압니다. 여기 모인 사람들은 누구입니까? 저는 직함이나 명성을 중요하게 여기지 않습니다. 예수 그리스도 앞에서 그것들은 아무 소용이 없습니다. 여러분들은 누구입니까? 여러분 중에 많은 이들이 회심하기 원치 않는 죄인들 가운데 속해 있습니다. 많은 이들이 회심하기는 원하지만 그것을 미루고 있는 사람들에게 속해 있습니다. 많은 이들이 회심하는 것처럼 보이나, 다시 죄에 빠집니다. 아주 많은 사람들이 자신들에게는 회심이 필요 없다고 생각합니다. 이 얼마나 저주 받은 종류의 사람들입니까? 심판의 날에 신속하게 제거될 이 네 종류의 사람들을 거룩한 모임에서 제거하십시오. 그리고 이제 경건한 이들은 나오십시오. 여러분은 어디에 있습니까? 택함 받은 이스라엘이여, 내 오른편에 있으라! 알곡에 속한 너희들이여 불 속에 던짐을 당할 쭉정이에서 나오라! 오,

헤르만 바빙크의 설교론

나의 하나님이시여! 당신의 택함을 받은 이들은 어디에 있
습니까? 당신의 소유된 백성들은 어디에 있습니까?

이 설교가 준 감동은 엄청났습니다. 왕과 그를 둘러싼 사람들, 그
리고 모든 사람들이 떨었습니다. 모두에게 일어났던 이런 감정에
사로잡힌 설교자 역시 잠시 말을 잇지 못했고 손으로 얼굴을 가
릴 뿐이었습니다.

III. 웅변술의 형식 ───

마지막으로 웅변술의 형식에 한 번 더 여러분의 주의를 기울여주
기를 바랍니다. 이는 의심의 여지 없이 웅변술의 내용과 비교해
볼 때 부차적입니다. 웅변술은 시와는 다른 규칙을 따릅니다. 시
에서 형식은 내용에 동일하게 중요합니다. 그 목적은 즐겁게 하는
것입니다. 시의 아름다움은 즉각적인 현현(incarnation)을 추구
합니다. 웅변술에서는 형식과 언어와 표현이 전적으로 내용의 영
향을 받습니다. 이미 웅변술의 내용에 대해 서술했기 때문에, 이
제는 그것을 제시하는 것(발표)에 대해 잠시 생각해 보고자 합니

다. 우리는 웅변술의 첫째도 둘째도 셋째도 제시요, 시작과 끝의 모든 것도 다 발표라고 간주했던 데모스테네스나 데스 아모리 판 더르 후번(des Amorie van der Hoeven)[64]만큼은 발표를 높이 평가하지 않을지도 모릅니다. 그럼에도 발표는 분명히 대단한 것이며 부차적인 것 이상의 가치를 지닙니다. 자연적인 재능을 지닌 많은 대중 연사들은 그 능력과 의미를 매우 평가절하 합니다. 그것과 비교해서 옹호해줄 수 없는 냉담함이 종종 현저히 나타납니다. 확실히, 앞서 언급했던 데스 아모리 판 더르 후번과 같은 연설은 "택함 받은" 소수일 뿐입니다. 모든 대중 연설가들이 분투해야 했던 것처럼 형식을 이상에 두는 것은 [연설가들의] 재능의 다양성을 과소평가한 것이며, 대다수에게는 실망과 낙담으로 가는 길이 될 뿐이었습니다.

그러나 이것은 대중 앞에서 말하는 사람, 곧 많은 사람들의 연설을 훼손하는 모든 부자연스러운 버릇에 맞서 열렬한 싸움을 싸우는 사람에게 많이 요구될 수 있습니다. 여기서 저는 애초에 드 헤네스텟(de Génestet)[65]이 기도했던 구원을 위한 설교의 방식

---

64 헤르만 아하토 데스 아모리 판 더르 후번(Herman Agatho des Amorie van der Hoeven: 1829-1897)은 네덜란드의 법학자이다.

65 페트뤼스 아우휘스튀스 더 헤네스텟(Petrus Augustus de Génestet: 1829-1861)은 네덜란드의 신학자이자 시인이다.

에 대해 언급하는 것이 전혀 아님을 밝히는 바입니다. 많은 이들이 채택했던 근대적이며 불경스러운 방식은, 더 이상 십자가 복음의 고상하고 진지한 내용에 어울리지 않습니다. 하지만 설교자들뿐만 아니라 모든 부류의 연사들 사이에서 비정상적인 것들이 많이 발견되는데, 우리는 이것들과 싸워야 합니다. 모든 부류의 연사들이 그들 스스로 만들었던 것처럼, 이런 겉치장의 흥미로운 목록을 만들어 볼 수 있습니다. 1500년 브뤼허(Bruge)에서 올리비에 마이아르(Olivier Maillard)에 의해 기록된 설교문이 있는데, 그 당시의 엄숙한 표준을 따라 설교 내내 자신의 목청을 가다듬는 "흠! 흠!" 이라는 단어가 포함되었습니다. 가장 기묘한 발성과 진기한 자세들이 대중 강단에서 행해졌습니다. 그토록 이상한 억양이 설교단에서 들렸고 성서대 뒤에서는 우스꽝스러운 모습들이 보였습니다. 많은 연사들은 마치 새로운 사람들, 즉 반코트나, 공식적인 의상 또는 학위 가운을 입은 **"연설가"**로 변한 것 같았습니다. 그들의 목소리는 비정상적인 색조를 띠었고 떠나갈 듯 큰 소리를 내며 울부짖고 악을 쓰며 말하기 시작했습니다. 그들의 얼굴은 가장 부자연스러운 주름으로 일그러졌습니다. 그들은 눈을 이리저리 굴렸고 주먹을 쥐어보였으며 손동작은 흔들고 때리고 내리치며 풍차의 날개처럼 움직였습니다. 그들은 춤을 추었고 두 발로 뛰었고 때로는 발을 구르기도 했습니다. 어떤 연사들은 정말이지 듣기 싫은 비음과 후두음으로 그들의 청중들을 힘들게 하기도

했습니다. 이 모든 모습들은 아래에 나오는 베이츠의 훌륭한 교훈에 정면으로 위배되는 것들입니다.

훌륭한 구절들을 평범한 입술로 말하세요.
사납고 크게 소리 지르거나 큰 소리나 쿵쾅거리거나
고함치지 마세요.
내리 치거나 흔들거나 언쟁하지 말고 손과 팔을 제어하세요.
풍차처럼 행동하는 것은 도무지 매력이 없답니다.[66]

이런 모습들은 단지 설교자들에게만 해당되는 속성이나 특징이 아니라 다른 연사들에게서도 뚜렷하게 볼 수 있는 특이한 모습들입니다. 만일 이런 모습들이 교회의 교사들에게서 많이 발견된다면, 이런 유형들이 대중 연사들에게는 더 많이 발견된다는 사실에 주목해야 합니다. 또한 그럼에도 불구하고 그들 가운데 다수의 훌륭한 그리고 최고의 연사들이 있다는 것 역시 사실입니다. 웅변술에 관한 한, 목사들이 비록 조롱당하고 비난을 당한다 할지라

---

66 Nicholaas Beets, *De Gedichten van Nicholaas Beets* (Gent: H. Hoste, 1848), 98.

Laat schooner verzen glad van effen lippen vloeien,
Maar gil noch galm noch kwaak noch bulder, woest en luid,
Weerhoud uw arm en hand van haamren, zwaaien, roeien,
De molenwiekerij drukt geen verrukking uit.

헤르만 바빙크의 설교론

도 다른 연설가들 사이에서 그들 자신을 잘 지킬 수 있습니다. 그들에게는 다른 연사들이 제시할 수 없는 변론이 있습니다. 무엇보다도 먼저 그들은 일주일에 두 번, 세 번, 그 이상 동일한 회중들에게 설교하도록 부르심을 받았습니다. 이런 경험을 알지 못하는 이들은 그것이 얼마나 엄청난 노력을 요구하는지, 또한 그렇게 할 때 앞서 언급한 모든 종류의 버릇을 항상 경계하기 위해 얼마나 많은 노력이 필요한지를 도무지 알지 못합니다. 이 외에도 그들은 종종 건물의 설계가 오직 개혁 교회의 건축 양식, 즉 "가능한 한 많은 사람들을 수용할 수 있는 불편한 공간"[67] 같이 음향의 법칙을 비웃는 곳에서 설교해야 합니다. 그리고 마지막으로 우리 보수주의 덕분에 복음 설교자들은 항상 이러한 좁고 폐쇄된 높은 곳에 위치한 강단에서 뻣뻣하고 부자연스럽고 인위적으로 거룩한 웅변을 발전시켜야 하는 그들의 과업을 수행해야 했습니다. 그 결과 그것은 설교의 단순성과 친근함과 생동감을 빼앗아 버렸습니다. 바로 이것이 그 당시 설교단 아래에 앉아 있었던 더 헤네스텟이 다음과 같은 인상적인 불평을 하게 되었던 이유입니다.

　　당신은 높은 곳에서 내려다보는데

---

67 여기서 바빙크는 다음과 같은 주석을 첨가했다. "다행스럽게도 이 점에 있어서 최근에 괄목할 만한 발전이 관찰되었다."

나를 위한 말씀은 없는 겁니까?

당신의 설교는 메아리치는 법령과 같이

공허하게 굴러서 내 영혼을 지나쳐 가네.[68]

그러나 어떤 변명이 제시된다 할지라도, 그들은 웅변술의 내용뿐만 아니라 그것을 말하는 형식, 즉 말하기에도 우리의 모든 관심을 투자하라는 요구를 결코 무시하지 않습니다. 이를 위해 우리모두가 단 **하나**의 모델을 채택하는 것은 불필요하며 유익하지도 않습니다. 개인의 다양성은 그 자체로 대중 연설에서 나타납니다. 모든 사람은 **자신만의** 말을 가지고 있으며 따라서 각각은 자신만의 연설의 [종류]를 소유합니다. 다른 사람들의 연설은 그에게 일종의 풍자입니다. 그런데 우리는 마치 기성품[*fix und fertig*]처럼이 단일한 [종류]의 연설가로 태어나지 않습니다. 우리는 어떤 식으로도, 어떤 일에도 완전히 적합하게 태어나는 것은 아닙니다. 삶은 목가적 휴식이 아니라, 오히려 심각한 투쟁입니다. 씨앗 형태로, 재능으로 행하는 훌륭하고 적절한 하나의 연설을 통해 우리는, 한편으로는 조잡함과 진부함과 사소함을 정복해야 하며, 다른

---

68 Gij prediker daar hoog in de lucht,
Hebt gij dan geen woordje voor mij?
Uw rede als een galmend gerucht,
Rolt ledig mijn ziele voorbij.

헤르만 바빙크의 설교론

한편으로는 경직됨과 기만과 꾸밈과 부자연스러움을 정복해야 합니다. 우리의 현재 모습부터 우리가 되어야 할 모습에 이르기까지, 모든 종류의 적들이 그 발전 과정에 도사리고 있습니다. 오직 진실한 모든 것, 선한 모든 것, 사랑스럽고 칭찬할 만한 모든 것[69]에 연결이 확고하게 잘 조정되어 있을 때, 이 모든 적들과의 투쟁에서 승리를 가져올 수 있습니다.

유일하게 우리 자신만이 소유할 수 있는 그런 좋은 연설은, 스스로 존재하지 못합니다. 그것은 우리 자신과 분리해서 존재하는 어떤 것이 아닙니다. 조악하고 교화되지 않은 사람이 갑자기 일어나서 훌륭한 설교를 하고 말을 잘할 수는 없습니다. 설교하도록 부르심을 받았을 때 우리의 영혼과 육체를 단련하는 일에는 전적으로 소홀히 하면서 그저 일어나서 자신의 말에만 집중하는 것은 전적으로 부적절하며 헛된 일이 될 것입니다. 우리는 가시나무에서 포도를, 엉겅퀴에서 무화과를 거둘 수 없다는 말씀을 듣습니다.[70] 좋은 연설은 이러한 총체적인 품위를 대중 앞에서 말하도록 부르심을 받은 특정한 정황 속에 적용하는 일입니다. 여러분의 가정에서, 일상생활에서, 사회 활동에서, 품행이 단정한 사람이 되십

---

69 빌립보서 4장 8절.

70 마태복음 7장 16절.

시오. 여러분은 그러한 작은 훈련으로도 좋은 설교자가 될 수 있을 것입니다.

키케로나 퀸틸리아누스의 작품을 읽거나, 스흐란트의 규칙을 암기하거나, 매주 거울 앞에서 연습한다고 해서, 저절로 좋은 설교자가 되는 것은 아닙니다. 이 모든 것은 다 좋은 훈련이지만, 우리 정신의 총체적인 형성과 품위의 토대가 없이는 불가능합니다. 그리고 또한 우리 세대의 가장 인상 깊은 사람들과 교류하지 않고 어떻게 이것[웅변술]을 얻을 수 있겠습니까? 이런 교류는 가장 광범위하고 친밀한 의미에서의 교류입니다, 무엇보다도 매일 성경을 읽으며, 선지자와 사도들과 교류하고 가장 아름답고 훌륭한 인자이신 주 예수님과 교제해야 합니다. 그 후에 우리는 하나님의 섭리를 통해 여전히 우리의 발전과 문명의 기초를 형성하는 풍성한 문화를 가진 고대의 민족들과 교제해야 합니다. 우리는 국민 가운데 그리고 우리를 둘러싼 주변 나라의 가장 아름답고 고상한 정신들과 교류해야 합니다. 마지막으로 중요한 것은, 우리 주변의 문명화 된 이들과의 교류도 필요하며, 무엇보다도 아름다움의 보석과 은혜의 비밀을 맡은 남녀노소와 함께 교류하는 일이 필요하다는 것입니다. 요한 파울 리히터(Jean Paul Richter)[71]는 다음

---

[71] 요한 파울 프리드리히 리히터(Johann Paul Friedrich Richter: 1763-1825)는 독일의 낭만파 작

헤르만 바빙크의 설교론

과 같이 올바르게 말했습니다. "소녀들 가운데 있다면 육체의 조잡함을 버리고, 여인들 가운데 있다면 지성의 조잡함을 버리게 될 것이다"(unter Mädchen verliert man Ungeschicklichkeit des Körpers, unter Weibern des Geistes).

더욱이 대중 연설은 단순히 우리 몸의 한 부분에만 관련된 것이 아닙니다. 대중 연설은 음성이나 몸짓이 아니라 우리 전 존재를 차지합니다. 설교의 권리와 필요성은 육체와 영혼의 긴밀한 연합과 내면과 외면의 조화에 기초합니다. 빌더르데이크는 다른 어떤 시인들보다도 더 조화를 위한 느낌을 강조했는데, 그는 시의 내용과 형식 사이의 일치의 필요성에 대해 다음과 같은 아름다운 시로 노래했습니다.

> 시인들이여, 정신과 예술이 허용하는 모든 것에 몰두하고
> 행복에 대한 두려움을 가르치며, 강함과 약함을 대조하세요.
> 그대의 목소리를 그대가 그리는 그림에 맞추고
> 그대의 시의 소리가 그대의 개념을 추구하게 하세요.
>
> 그대의 노래를 통해 산들바람이 가벼운 날개로
> 항해하게 하세요.

가이다.

시냇물이 부드럽게 젖어 아기가 옹알이하듯
그 이야기를 말하게 하고
반대로 흐르는 물에는 천둥이 쏟아지게 하고
울리는 증기 소리를 통해 그대의 격앙된 음악이
고함치게 하세요.

황소는 멍에를 메고 단단한 땅을 쟁기질하며
피곤한 짐승의 폐와 가슴을 느끼며 터벅터벅 걷게 하세요.
더디고 고투하는 시구는 둔하고 서서히 진행될 뿐
그의 육중한 발걸음은 내디딜 때마다 쿵하고 들립니다.

날렵한 암사슴은 거대한 골짜기를 빠르게 날아갑니다.
그대는 번개 같은 속도로 암사슴을 좇으며
어떻게 잡는지 알고 있습니다.
그대는 빠른 날개로 공허한 시구를 붙듭니다.
다행히도 언어가 그대의 노력을 도우니
리듬과 음절의 제한이 없습니다.
항상 그대를 강력한 운율의 재잘거림으로 이끕니다.
바타비아인(네덜란드)들이여! 그대들의 언어와
그 풍성함을 알고
그것을 숙련하세요. 그러면 그대들은 양심의

주인이 될 것입니다.[72]

연설의 내용과 그 제시 사이에는 바로 이러한 친밀한 조화가 있어
야만 합니다. 여기에는 반드시 육체와 영혼, 화법과 목소리, 말과
몸짓, 그리고 그가 무엇을 말하는지와 그가 어떻게 말하는지 사
이에 조화가 있어야 합니다. 우리가 무엇인가를 말할 때는 반드

---

72 바빙크는 다음 작품을 인용한다. Bilderdijk's poem "Het Buitenleven" (1802). 이에
대해서는 다음 작품을 참조하라. J. van Vloten, *Nederlandsch Dicht en Ondicht der
Negentiende Eeuw* (Deventer: A. ter Gunne, 1861), 82.

Gij dichter, bezig alwat geest en kunst gehengen,
Leer 't aaklige aan het blijde, en 't sterke aan 't zachte mengen,
En stem uw tonen naar het voorwerp, dat gij malt,
Dat zelfs de klank van 't vers uw denkbeeld achterhaalt.

Laat Zefir in uw zang op luchte vlerkjes zuizen,
En 't kabblend nat der beek met zacht gemurmel bruizen,
Doch stort zich 't stroomend nat met zieded buldren uit,
Zoo siddre uw woest muzyk van 't dondrend stoomgeluid.

Laat d' os, in 't juk gebukt, den harden kleigrond ploegen;
Men voele in 't moede dier, en long en boezem zwoegen,
En 't traag en worstlend vers ga dof en langzaam voort,

Als wierd zijn logge stap op elken plof gehoord.

De vlugge hinde vlie door de onafzienbre dalen;
Men volge in bliksemvlucht en wete ze in te halen,
En schoeie 't luchtig vers gezwinde wieken aan!

Gelukkig, zoo de taal uw poging bij wil staan,
En geen beperkte keus van maat en lettergrepen
U eeuwig in 't geklep des rijmvals meê blijft slepen!
Bataven, kent uw spraak en heel haar overvloed;
Zijt meester van de taal, gij zijt het van 't gemoed!

시 우리 전 영혼과 육체를 통해, 우리의 온 힘을 다해 말해야만 합니다. 모든 것을 우리에게, 우리를 통해, 우리 안에서 말해야 합니다. 음성의 색조, 각각의 몸짓, 손의 움직임, 눈동자의 응시는 각각 그 고유의 표현과 능력이 있습니다. 웅변술이란 전인격을 통해 생산되는 것입니다. 설교의 황금률은 "현재의 당신 자신이 아니라 당신이 될 수 있는 그리고 반드시 되어야만 하는 그 자신을 주는 것"입니다. 그것이 바로 여러분에 의해 전해지는 설교의 요구입니다. 만일 그렇지 않다면, 말하지 마십시오. 여러분의 청중을 피곤하게 하거나 괴롭게 하지 마십시오. 궁극적으로 사람을 성가시게 하는(le genre ennuyeux) 종류를 제외하면 모든 종류의 웅변술이 좋은 것이기 때문입니다. 이는 여러분에게 여러분의 청중들을 존중할 것을 요구합니다. 그 누구도 여러분 자신이나 여러분이 가진 것 이상의 것을 요구할 수 없습니다. "그가 가진 것을 주는 사람은 누구든지 가치 있는 인생입니다."[73] 이것은 또한 당신의 말에도 동일하게 적용될 수 있습니다. 여러분은 우리의 관심이 필요한 사람들을 향해 "나는 평범한 사람들을 경멸한다"(odi profanum vulgus)[74]는 말을 결코 사용해서는 안 됩니다. "대중들이여, 나는

---

73 네덜란드 격언으로서 "Wie geeft wat hij heeft, is waard dat hij leeft"는 오직 자신의 모든 것을 주는 사람만이 비난 받지 않는 사람이 된다는 뜻이다.

74 Horace, *Odes* III.i.

헤르만 바빙크의 설교론

여러분을 열렬히 경멸합니다"라는 물타툴리의 말은 연설가나 작가의 마음속에 일어나서는 안 되며, 결코 입술의 장벽을 넘어 표현되어서는 안 됩니다. 특별히 말씀 사역자는 평민이나 그저 저속한 사람들(vulgus) 앞에 서는 것이 아니라 그리스도의 교회 앞과 주님의 기업 앞에 서는 것이기 때문에, 반드시 자신의 영혼에서 이런 우월한 생각을 막아야 합니다. 덧붙여 말하자면, 냉담한 호라티우스나 교만한 물타툴리가 아닌 그 어떤 누구도 이런 선언을 실제로 의도하지는 않았습니다. 시장의 인사와 사람들에게 받는 박수와 찬사들은 헛되지 않았습니다. 그들이 사람들을 경멸하는 것은 그들이 칭송에 민감하다는 증거일 뿐입니다.

사람의 전 존재와 관계하는 설교에서, 음성은 최우선의 위치를 차지합니다. 좋은 목소리는 귀한 선물입니다. 음성은 생각의 메아리이며 우리 마음의 표현입니다. 타당한 이유로 주장되어온 것처럼 사람들은 여러 소리들을 통해 웃을 수 있으며 그렇게 할 때 그들의 본성과 성격을 표현하기도 합니다. **아**(a)-소리를 통해 입을 벌리며 크게 웃는 사람은 그의 진심 어린 성격과 활력 넘치는 존재를 표현합니다. **에**(e)-소리로 웃는 사람은 수수한 성격이며 흔들리지 않는 태연함을 지닙니다. 어린이들과 순진하고 두려워하며 우유부단한 성인들은 주로 **이**(i)-소리로 웃습니다. 우리는 관대하고 진심 어린 사람들이 **오**(o)-소리로 웃는 것을 듣습니다. 그리고 다른 사람을 싫어하는 사람들은 **우**(u)-소리로 웃습니다.

따라서 음성의 소리와 사람의 본성과 성격 사이에는 확실히 연관성이 있습니다. 시끄럽고 거짓되고 거칠며 걸걸한 목소리가 있습니다. 마치 독한 술(gin, jenever)을 마셔 목소리를 잃어버린 술고래처럼 말입니다. 반면에 날카롭고 밝고 정교한 목소리가 있는데 이는 그다지 부드러운 성격은 아니라는 것을 나타내는 증거가 됩니다. 또한 그들의 소리만으로도 마음을 사로잡는 사랑스럽고 부드러우며 듣기 좋은 음악적인 목소리도 있습니다. 연설가가 명료하고 강력한 목소리를 가졌다면 이에 비교될 수 있는 다른 특권은 없을 것입니다. 네안더(Neander)는 독일인들이 거룩한 베르나르의 언어를 이해할 수 없었음에도, 그의 목소리만으로 눈물을 흘렸다는 이야기를 우리에게 말해줍니다. 고대의 소피스트인 파보리누스(Favorinus)[75]와 마찬가지로 데스 아모리 판 더르 후번은 그리스어를 한 자도 몰랐던 사람들이 호메로스를 읽고 기뻐했다고 말합니다. 판 더르 후번이 찬송시 읽기를 끝냈을 때 교회 사람들은 이미 거의 교화될 정도였습니다. 목소리는 훌륭한 악기입니다. 그것을 잘 연주하고 가장 아름다운 음색을 이끌어내는 사람은 복 받은 사람입니다. 그러나 이런 의미에서 틀리게 연주하고 노래할 수 있는 것처럼, 사람도 틀리게 말할 수도 있음에 유의해야

75　아를의 파보리누스(Favorinus of Arelate: ca. AD 80-160)는 로마의 소피스트이자 철학자이다.

합니다. 최고의 예술은 자신의 목소리를 완벽하고 철저하게 제어하며, 자신의 영혼 전체와 정서의 모든 의미를 듬뿍 담아 이를 통해 자신을 표현합니다. 그리고 이것은 실제로 가능합니다. 인간의 목소리는 마음과 언어만큼이나 풍성합니다. 인간의 목소리는 가장 아름다운 최상의 음악입니다. 자연 전체에, 인간의 목소리가 표현할 수 없는 음조란 존재하지 않습니다. 우리의 목소리는 천둥처럼 울리고 폭풍우처럼 휘몰아칠 수 있습니다. 또한 그것은 산의 강물처럼 세차게, 개울처럼 졸졸 흐를 수 있습니다.

하지만 설교를 통해 이 목소리라는 음악은 반드시 우리 몸 전체를 통해 전달되어야 합니다. 따라서 초기의 설교자들은 마음의 생각을 설교자의 신체적 몸짓, 움직임 그리고 용모 등을 통해 묘사하고 지지하며 확증하는 "신체적 웅변술"에 대해 옳게 이야기한 바 있습니다. 그것은 단지 연기하듯 하는 행동뿐만 아니라, 얼굴 표정까지도 포함합니다. 또한 그것은 단지 화법만이 아니라, 우리의 내면과 외면의 조화에 기초한 행위이기도 합니다. 머리와 몸, 눈과 눈썹, 팔과 다리, 심지어 우리가 입는 옷까지도 반드시 우리의 영혼에 벌어지고 있는 일을 그리고 우리의 입으로 말하고 있는 것을 표현해야만 합니다.[76] 설교에서 그 어떤 부분도 중요하지 않

---

76 *Accedat oportet actio varia, vehemens, plena animi, plena spiritus, plena doloris, plena

은 측면이 없습니다. 우리 몸의 각 부분은 고유의 언어를 지닙니다. 입술의 언어가 있고 눈의 언어가 있으며, 손의 언어, 머리의 언어, 몸의 언어가 있습니다. 겸손과 수치심은 머리를 숙이게 하고 피곤함은 옆으로 매달리게 하며, 고상함은 위를 향하게 하고 교만은 머리를 뒤로 젖히게 하며, 충격은 그것을 움찔하게 합니다. 그렇다면 우리의 손은 또 어떠합니까? 우리의 목소리와 마찬가지로 우리는 손으로 묻고 답하고 기도하며 간청하고 부르고 경고하고 포기하고 확인하고 촉구하고 제거하고 사랑하고 혐오하며 저주하고 축복합니다. 더욱이 우리의 머리와 손보다 더 명백하고 웅변적인 것은 눈의 언어입니다.[77] 영혼의 각각의 정서는 마치 거울처럼 눈에 비칩니다. 사랑과 증오, 경멸과 동정, 우정과 분노, 신뢰와 두려움, 그리고 모든 다른 열정들을 사람의 눈에서 읽어낼 수 있습니다. 그것은 기쁠 때 빛나고 슬플 때 희미해집니다. 분노할 때는 번쩍이고 두려워할 때는 오그라집니다. 눈은 영감으로 반짝이며 절망 속에서는 흐릿해집니다. 눈은 생명 안에서는 더 선명해지고 죽음을 통해 꺼져버립니다. 눈을 한 번 깜빡여 흘깃 볼 때 그것은 천 마디 말 이상을 말합니다. 들을 수 있는 말조차 눈의 언어와

---

veritatis." Cicero, *de Orat*. II, 17.

77 "Animi est omnis action, et imago animi vultus est, indices oculi." Cicero, *de Orat*. III, 59.

헤르만 바빙크의 설교론

는 경쟁할 수가 없습니다. 일어서서 말하는 사람이라면 누구든지, 원고에 눈을 고정하거나 한 지점에 시선을 응시하거나 부르달루 (Bourdaloue)[78]처럼 눈을 감고 있게 되면, 말의 영향력이 약화되고 웅변의 요구를 충족하지 못하게 됩니다. 청중들은 연설가가 자신들을 바라보며 단순히 소리로만이 아니라 눈을 마주치면서 말해 달라고 요구합니다. 그렇게 함으로써 설교자는 그가 전하는 말의 내용이 그의 음성, 눈의 응시, 머리의 위치, 몸의 자세, 손짓, 심지어 그의 의복의 색깔과 모양과 같은 언어로 말할 때, 더불어 영혼과 몸, 내면과 외면, 음성과 어조, 언어와 몸짓이라는 모든 이원론적인 요소들이 완벽한 조화를 이룰 때, 비로소 설교의 완성에 도달하게 됩니다.

종종 웅변술과 설교를 지배하는 잘못된 관념들은 이 원리를 통해 미리 제거되어야 합니다. 극적인 표현과 얼굴 표정의 표현은 의심의 여지 없이 존재할 권리가 있습니다. 그것들은 영혼과 육체, 영과 물질, 내면과 외면의 일치에 기반을 두고 있습니다. 그러나 설교에서 명명된 문제들과 주제들은 결코 묘사해주지 못합니다. 목이 없는 납작한 현악기인 지터(zither) 연주자가 마치 실을 뽑

---

78 루이 부르달루(Louis Bourdaloue: 1632-1704)는 눈을 감은 채 설교하는 그의 습관 때문에 "맹인 설교자"로 알려진 프랑스의 예수회 수도사이다.

는 것처럼 몸짓을 하는 것은 어리석고 부당한 일이 될 것입니다. 그것은 예를 들면 군인에 대해 말하면서 바지의 다리 이음새에 손가락을 올려놓으며 군대 자세를 취하려는 것과 같습니다. 설교자는 코미디언이 아니며 설교는 영화가 아니며 몸짓은 무언극이 아닙니다. 따라서 마티아스 클라우디우스(Matthias Claudius)[79]가 왜 다음과 같이 경고했는지 이해해야 합니다. "제스처를 신뢰하지 마십시오, 그러면 당신은 '적당히 그러나 신속하게' 행동하게 될 것입니다"(Misstraue der Gestikulation und geberde dich schlecht und recht). 제스처는 설교 그 자체가 아닙니다. 몸짓은 단지 설교를 이끌고 지지하며 강화시켜 줍니다. 모든 "장황한 손동작들"(loquacitas manuum)은 키케로가 예술적으로 잘 말한 것처럼 바로 이것으로 판단됩니다. 풍차처럼 손을 흔드는 것 자체는 기쁨을 가져오지 못합니다. 그것은 게으르고 공허하며 쓸데없는 말과 같아서 기독교의 원리에 전적으로 부합되지 않습니다.

저는 이제 다시 이 강의의 시작점, 곧 기독교가 웅변술과 설교에 대해 무언가를 말해줄 수 있다는 내용으로 돌아가고자 합니다. 이것은 제 강의의 요점이기도 합니다. 사람은 오직 생각과

---

79 마티아스 클라우디우스(Matthias Claudius: 1740-1815)는 아스무스(Asmus)라는 필명으로 글을 쓴 독일의 시인이다.

헤르만 바빙크의 설교론

말, 그리고 말과 몸짓의 완벽한 조화가 존재하는 기독교의 원리에 부합할 때만 웅변적일 수 있게 됩니다. 바울은 인간 지혜의 거짓되고 나태한 말들을 부당하게 거부한 것이 아닙니다. 피어손(Pierson) 교수[80]가 수년 전에 잘 지적했듯이 이교도와 그리스인들은 이 심오한 조화를 놓쳤습니다. 이중 구조, 대조 그리고 단절은 항상 모든 상황에서 수면 위로 다시 떠오릅니다. 그리스에는 놀라운 형태의 아름다움이 존재합니다. 거의 모든 예술과 과학에 대해 고전적인 장치들이 있습니다. 자연과 문화는 밀접한 관련이 있으며 예술 그 자체가 자연처럼 보이도록 완벽하게 결합되어 있습니다.

서사와 드라마, 시와 웅변, 건축과 조각에는, 표현하고자 하는 열망이 잘 드러나 있습니다. 후대의 각 세대를 경이로움으로 채우는 고전적인 아름다움의 평온함이 있습니다. 하지만 이 모든 아름다운 형식들은 단명하는 내용만을 담고 있을 뿐입니다. 참된 실재는 존재하지 않습니다. 우리는 올림포스에 있는 페이디아스(Phidias)의 제우스 신상을 예술작품으로 보고 경탄하지만 신으로서 그는[제우스] 우리에게 그저 미소를 지어줄 뿐입니다. 드라마는 비교할 수 없는 경지에 이르렀지만, 궁극적으로 그

안에서 역할을 수행하는 운명의 끔찍한 힘에 우리는 윤리적으로
나 심미적으로 만족하지 못합니다. 그래서 독일의 시인인 레나우
(Lenau)[81]는 다음과 같이 옳게 노래한 것입니다.

> 그리스의 예술은
> 구세주와 그분의 빛을 알지 못한다네.
> 그들은 농담하며 웃지만
> 깊은 심연의 고통을 말하지 않았다네.
>
> 그들이 고통을 알지 못했기에
> 부드럽게 지나가는 위로를 구했다네.
> 나는 그것을 고대로부터 물려받은
> 가장 위대한 마법으로 보았다네.[82]

---

81 니콜라우스 프란츠 님브쉬 에들러 폰 슈트레레나우(Nikolaus Franz Niembsch Edler von
Strehlenau: 1802-1850)는 니콜라우스 레나우(Nikolaus Lenau)라는 필명으로 활동한 오스트리
아의 시인이다.

82 Die Künste der Hellenen kannten
Nicht den Erlöser und sein Licht,
D'rum scherzten sie so gern und nannten
Des Schmerzes tiefsten Abgrund nicht.
Dass sie am Schmerz, den sie zu trösten
Nicht wusste, mild vorüber führt,
Erkenn' ich als der Zauber grössten
Womit uns die Antike rührt.

헤르만 바빙크의 설교론

이런 방식으로 그리스 철학은 타오르는 목마름으로 지식을 추구했지만 "진리가 무엇이냐?"는 빌라도의 질문으로 끝을 맺었을 뿐입니다.[83] 웅변술은 다양한 승리를 거두었고 요구사항과 규칙들이 있는 아름다운 이론이 되었습니다. 하지만 웅변술은 종종 내면의 진실의 문제를 은폐하기 위해 수사학을 피난처로 삼아 숨어버렸습니다. 그리하여 그리스-로마 사람들은 탕자처럼 그저 돼지 쥐엄 열매를 먹어야만 했던 것입니다.

그러나 기독교의 출현은 생명력 넘치고 그 아름다움에 흥분하는 사상의 세계를 열어주었습니다. 예술에 새로운 내용이 주어졌고 생각은 영원한 대상을 사색했으며 언어에 영원한 내용을 복원시켰습니다. 그리고 이제 의심할 여지 없이, 우리는 그리스와 로마를 통해 우리에게 보존된 아름다움의 영광스러운 표현 양식으로부터 유익을 얻을 수 있습니다. 왜냐하면, 만일 우리가 그리스도의 것이라면, 바울과 게바와 아볼로뿐만 아니라, 호메로스와 호라티우스, 데모스테네스, 키케로뿐만 아니라, 모든 것이 우리의 것이기 때문입니다. 이 화해는 기독교에서 처음으로 발견되는데, 이는 하나님과 사람의 화목 뿐 아니라 이방 세계에서 만나게 되는 모든 대조들의 화해를 포함한 것입니다. 생각과 말, 행동과 설교

---

[83] 요한복음 18장 38절.

의 모든 불일치는 본질적으로 기독교와 충돌합니다. 그러나 우리의 것이든 상대방의 것이든, 진실하고 선하고 조화로운 모든 예술과 학문 분야는 그리스도를 닮은 것입니다. 기독교의 중심점은 말씀의 성육신인데, 바로 이 안에 하나님과 사람, 영과 물질, 내용과 형식, 이상과 현실, 육체와 영혼, 사상과 언어, 말과 몸짓의 화목이 존재합니다.

설교와 예배

설교와 예배 [1]

우리의 실천이 우리의 기독교 신앙고백과 얼마나 동떨어져 있는
지를 생각해 보면, 누구라도 우울해지지 않을 수 없습니다. 교회
의 경계 안팎으로 많은 좋은 부분들을 지적할 수 있을 것입니다.
경건, 다음으로 진리에 대한 증가하는 관심, 기독교적 자선의 다
양한 사명을 향한 항구적인 준비, 선교에 대한 열렬한 관심과 기
독교적 소명에 대한 집요한 관심 말입니다. 하지만 우리는 반복해
서 지적되어 온 것을 잊어서는 안 됩니다. 그것은 바로 여기에 표
현된 어조가 거만해 보인다는 것입니다. 우리는 항상 자랑스럽게
말해 왔습니다. 그리고 바로 여기, 즉 교만과 자만에 우리의 관심
이 고정되어 있었습니다. 이것이 바로 우리의 적입니다. 결코 그렇

---

1 이 부분은 본래 바빙크가 "De Predikdienst" 라는 제목으로 쓴 것이며 *De Vrije Kerk* no.
1, IX (January 1883): 32 – 43, 후에 다음과 같은 작품에 포함되었다. Herman Bavinck,
Kennis en Leven (Kampen: J. H. Kok, 1922), 78 - 85.

헤르만 바빙크의 설교론

게 해서는 안 됩니다. 비록 이 모든 선한 행위들을 올바르게 인식해야 함에도, 우리의 문제점을 결코 시야에서 놓쳐서는 안 됩니다. 예수님을 그리스도라고 고백하는 이들, 특히 교회의 회원들은 여기서 반드시 교훈을 받아야 합니다. 그들은 교만하지 말고 도리어 두려워하며 겸손으로 옷 입어야 합니다.

겸손이란 올바르게 말하자면, 우리에게 항상 어울리는 옷입니다. 겸손은 유일하게 우리를 보호해주고 장식해주는 의복입니다. 누구든지 이 옷을 벗는다면, 그것은 어떤 상황에서든지 자신의 가장 매력적인 장식품을 내팽개치는 것과 다름없습니다. 겸손은 반드시 우리의 집에서, 여행지에서, 결혼식에서, 장례식에서 입어야 할 예복입니다. 이런 기독교적인 겸손을 함양하기 위하여, 우리가 빠지기 쉬운 것들과 동시에 자만과 오만으로부터 벗어나 우리를 보호해주는 많은 것들에 주의를 기울이는 것이 합당하고 필요한 일입니다.

교회 예배의 설교에 대해 생각해 보십시오. 강력한 강단의 시대는 이미 죽고 없습니다. 예배 참석은 최신식 교회들뿐만 아니라 정통 교회 가운데서도 거의 모든 곳에서 쇠퇴하고 있습니다. 교회에 대한 관심과 설교를 듣고자 하는 열망은 감소하고 있습니다. 수천 명의 사람들이 교회를 떠나고 있고, 다시는 교회를 방문하지 않는 사람들의 숫자가 계속 증가하고 있습니다. 정통주의자들이라고 불리던 수많은 사람들이 주일에 두 번 교회(예배)를 가던 습관을 완전히 포기한 것처럼 보입니다. 한 번만 교회 가는 것으로 그들은 충분해 보입니다. 많은 이들이 교회당에 오랫동안 있는 것, 때때로 두 시간을 앉아 있는 것조차도 시간 낭비라고 생각합니다. 분주하고 빈틈없이 계산적인 우리 시대에, 사람들은 이 시간을 훨씬 더 유용하게 사용할 수 있을 것이라고 생각합니다. 우리는 묻습니다. 이것이 어떻게 낭비가 되는가? 우리는 이 시간을 가난하고 고통 받는 사람들을 위해, 어린 아이들과 청년들을 위해 보다 더 효과적으로 사용할 수 있는 것 아닌가? 우리는 이미 많은 곳에서 의도하든 그렇지 않든 교회의 예배를 주일학교와 젊은이들의 교제와 가난하고 가련한 자들의 가정을 방문하는 것으로 대체하고 있습니다.

교회에 대한 이런 반감은 상당 부분 우리 시대를 지배하는 정신과 관련하여 분명히 설명되어야 합니다. 그 영향 아래, "교회에 간다"는 말에 대한 개념이 전적으로 잘못 형성되었습니다. 우리는 오늘날 엄청난 활동의 시대, 증기와 에너지의 시대를 살아갑니다. 이것은 모든 것을 점점 더 앞으로 급하게 밀고 갑니다. 우리는 휴식이나 침묵이나 고요함에 대해 생각하지 않습니다. 이를 따르지 않으면 누구든지 꼰대 취급을 당하고 발밑에 짓밟히게 됩니다. 시간은 돈이며 돈은 거래의 영혼입니다. "그것으로부터 무엇을 얻을 수 있을 것인가? 그것을 어떻게 효과적으로 사용할 것인가?" 바로 이것이 오늘날의 현안입니다. 열광적인 흥분과 과도한 노동이 오늘날의 사업의 특징입니다. 거룩한 것의 고요함이나 영원한 것의 평온함은 모두 다 몹시도 그리운 것이 되어버렸습니다. "급할수록 돌아가라"(Festina lente)²는 말은 그저 옛 금언에 지나지 않습니다. 가장 빠른 것이 가장 경쟁력 있는 것입니다. 이런 정신은 확실히 그리스도인들에게도 큰 영향을 끼쳤습니다. 옛 신앙에 대한 그들의 고백에도 불구하고 그들 역시 시대의 자녀들입니다. 산업적이며 활동적인 기독교가 출현하고 있습니다. 말씀 아래 침묵하며 고요히 앉아있는 것이 그들의 강점이었으나, 이제는 그들의 생각에서 그것이 와해되고 말았습니다. 만일 당신이 그리스도인이라면 [반드시] 당신이 손으로 행한 일로 당신의 믿음을 보여주어야 하며, 당신이 무엇을 하고 있는지 무엇을 주고 있는지 무엇을 성취하고 있는지 말해야 합니다. 따라서 이런 그리스도인의 모든 노력을 무조건적으로 찬미하는 일에 실패한다면, 많은 이들에게 당신은 사랑이 없으며 믿음이 결여된 자로 평가 받게 될 것입니다.

그 결과, 고요한 신앙생활과 관계된 모든 것들이 잊히고 서서히 자취를 감추게 되었습니다. 우리는 더 이상 영적 삶의 발자취를 따른 세심한 조사나, 거짓된 신앙과 삶 그리고 참된 신앙과 삶 사이의 엄밀한 구분, 참된 그리스도인의 표지와 특징에 대한 폭

---

2 역자 주, 로마의 역사가 수에토니우스가 저술한 『황제전』(*De vita Caesarum*)에 나오는 말이다.

넓은 개요에 마음을 쏟을 수가 없게 되었습니다. 이제는 다른 일을 해야 합니다. 이제 기독교는 그 능력을 깊이가 아니라 넓게 멀리 퍼뜨리고 알려주어야 한다는 것입니다. 그런데 그런 만큼, 우리에게는 더 이상 안식의 날에 두 번 교회에 가거나, 수없이 자주 들었던 설교자의 입에서 나오는 설교를 한 시간 동안이나 들을 시간도 없고 그럴 마음도 없어 보입니다. 도대체 그런 일이 뭐가 그리 재미있고 유용하다 할 수 있겠습니까? 사람들은 교회에서 우리가 너무나 수동적이며 너무나 적은 일을 한다고 말합니다. [이런 상황 속에서] 우리는 아무것도 할 수 없는 너무나 어린 아이들로 간주됩니다. 교회의 예배 시간에 우리의 몫은 하찮기 짝이 없습니다. 우리는 여전히 유명한 강사들로부터 교육이나 선교에 대해 매우 새롭고 훌륭한 강의나 유명한 강연 또는 연설을 들을 수는 있을 것입니다. 하지만 우리의 조급하고도 세련된 세대들은 참신한 매력이 없고 항상 동일한 주제를 다루는 설교를 더 이상 듣고 있을 수 없을 것입니다. 아테네 사람의 호기심과 영적 진보에 대한 뛰어난 감각은 많은 정통주의 교인들 사이에서도 발견되는 특징들입니다.

우리가 왜 교회에 가는지, 교회에서 우리가 무엇을 해야 하는지는 완전히 무시되고 있습니다. 교회의 공적 예배에 대한 올바른 개념은 상실되었습니다. 교회의 예배에서 우리가 실질적으로 할 일이 상당히 많다는 생각, 수동적이지 않으며 도리어 분주하고 활

헤르만 바빙크의 설교론

동적이라는 생각, 우리 아버지의 사역에 동참하고, 주님의 성전에서 제사를 드리며, 우리 자신과 우리에게 속한 모든 것을 드리기 위해, 즉 우리 자신이 세워지고 신앙 안에서 자리를 잡는 것뿐만 아니라 다른 사람들도 가장 거룩한 신앙 안에서 참되게 구비되고 세워지기 위해 우리가 거기서 제사장적인 사역을 감당해야 한다는 생각에 일종의 오해가 생겼습니다. 앞서 말한 그런 것들이 만민이 기도하는 집으로 올라간다는 말씀의 참된 의미입니다. 모든 신자들이 제사장입니다. 바로 여기에 이런 선언의 핵심이 놓여있는 것입니다. 여기 제사장들의 사역은 판 안델(van Andel)[3]이 최근에 「마라나타」 19호에 훌륭하게 기고한 것처럼 더 이상 옛 언약 하에서의 중보자적 사역에 있지 않습니다. 그 당시에는 특별한 제사장권에 속한 것이었지만, 그 특별함은 제사장의 개념이 확장됨에 따라 사라졌습니다. 하지만 다음과 같은 사실은 여전히 남아있습니다. 성소에서 예배를 관장하는 것, 소위 희생 제사, 좀 더 엄밀하게 말하자면 천상의 영적 제사 즉 새 언약의 관점에서 이루어진 제사가 바로 그것입니다. 이 제사는 하나님을 경배할 때, 그리스도께서 중보하시는 공동체 안에서, 하나님의 사역과 그리스도의 가난한 형제들을 위해 예물을 올려드리는 가운데, 그리스도의

---

3   얀 판 안델(Jan van Andel: 1839-1910)은 바빙크가 속한 교단의 목회자이다.

이름을 고백하는 것으로 이루어집니다. 주의 백성들이 공적으로 그리고 공동체적으로 부르심을 받는 것은 하나님의 뜻입니다. 공적으로는 그 부르심이 하나님의 가치와 일치하기 때문이며, 하나님께서 그 백성의 하나님으로 인정받으실 때 온 세상이 그것을 듣는 것이 합당하기 때문입니다. 공동체적으로는 하나님께서 전적으로 그리스도 안에서 이루어진, 그리스도의 몸 된 신자들을 원하시기 때문이며, 과거 이스라엘 백성이 참 이스라엘로부터 자신을 분리했던 것 같이 그리스도 밖에 있는, 그 몸 밖에 있는 개인과의 교제를 원하지 않으시기 때문입니다. 그러므로 [교회의] 모임은 안식의 날에 열립니다. 각각의 지역교회는 그리스도의 몸을 나타냅니다. 교회의 회원들은 하나님의 지성소 안에서, 곧 회집한 가운데 제사장의 직무를 수행하도록 부르심을 받았습니다. 그들은 제사장으로 모여 찬양과 감사의 제사와 탄원과 간구를 하나님께 올립니다. 그들은 교회와 그들의 형제들을 위한 예물을 가져옵니다. 바로 이것이 본질이요, 영광스러운 지점이며, 주일 혹은 그러한 모임이 일어날 때마다 경험하게 되는 기쁨입니다. 이와 같은 방식으로 우리는 천상의 회집 공동체의 일원으로 구성되어, 함께 그 한 가지 일에 동참하게 됩니다. 이런 까닭에 천사들은 이 연합의 표식으로 우리의 모임과 천상의 모임에 모두 존재합니다.

　　그러나 질문은 이것입니다. 이를 그렇게 이해하고 실행하는 곳이 있습니까? 확실히, 오직 설교만 들으려고 가는 교회는 아닙니다. 교회 안에서 해야 할 일(말하자면, 제사장적 예배) 외에는 해야 할 것이 아무것도 없고, 자신은 그저 수동적이며 그 무엇도 할 필요가 없다고 생각하는 교회도 아닙니다. 설교자가 집에 머물러 있으면, (마치 설교자가 설교하지 않으면, 성소에 아무것도 없다고 여기듯이) 자신도 집에 머물러 있어야 한다고 생각하는 교회도 아닙니다. 헌금은 우리에게 아무런 유익이 없으며, 우리의 집 문 앞에 있는 거지에게 주는 것보다 그 가치가 더 크지 않다고 생각하는 교회도 아닙니다. 주께 찬송 드리는 것을 경배로 보아야 할 장소에서 힘껏 찬송 부르지 않고 무정하고 분별 없이 소리 지르는 교회도 아닙니다.

이런 논의들을 망각해서는 안 되며 마음속 깊이 새기고 경계해야 합니다. 특별히 오늘날 -이런 [예배를 향한] 참된 태도가 상실된 작금에- 설교자로 부름 받은 소명은, 교회 예배의 의미를 사람들에게 가르치는 것에 있습니다. 설교자는 자신의 청중들의 주의를 집중시키고 회중의 회원들에게 집을 떠나 단순히 설교자의 설교를 듣기 위해 교회를 가서는 안 된다는 사실, 설교가 [교회 예배의] 가장 고상하며 유일한 특징도 아니라는 사실, 그리고 동시에 우리가 제사장들로서 함께 섬기고 신자들로서 하나님께 찬양과 경배와 사랑과 예물을 올려드리기 위해 함께 모인다는 사실을 깨닫게 해야 합니다. 만일 이 점이 올바로 인식된다면 예배를 드리기 위해 교회에 가는 것은 더욱 고귀하게 여겨질 것이며, 젊은 세대들은 교회로부터 멀어지지 않게 될 것입니다.

그러나 이렇게 늘어나는 과실에 대한 회중들의 책임이(시대 정신의 영향으로) 그 영광스러운 부르심을 인식하지 못하는 회중들에게 있다 할지라도, 더 중대한 책임은 상당 부분 설교자 자신들에게 있습니다. 분명하게도 설교가 유일한 예배의 요소는 아니며 심지어 우리의 예배에서 가장 중요한 부분-이는 신자들의 제사장적 사역이다-도 아니지만, 확실히 설교는 제사장적 모임과 예배에서 매우 중요한 요소입니다. 상당 부분이 설교에 좌우되는데 특히 우리의 종교 예식에서 설교는 가장 위대하며 고상한 부분입니다. 로마 교회를 미사의 교회라고 부를 수 있다면 개신교 교회들은 말씀의 교회들입니다. 예수님께서 그의 말씀과 성령으로만 다스리신다는 사상은 영광스럽고 훌륭한 것입니다. 예수님은 칼과 채찍을, 사슬과 감옥을 폭력과 속임수를 멸시하십니다. 그분은 오직 말씀과 성령이라는 도덕적이며 영적인 무기로만 승리하기를 원하십니다. 특별히 예수님께서는 읽거나 노래 부르는 말씀이 아니라 입으로 **설교된** 말씀의 방편으로 그렇게 하시기를 원하십니다. 믿음은 **들음**에서 나는 법입니다.⁴ 따라서 성도들이 그들의 설교자가 단순히 그들 앞에서 설교문을 낭독하는 것이 아니라

---

4 로마서 10장 7절.

설교 말씀을 선포해주기를 원하는 것은 결코 까다롭거나 완고한 것이 아닙니다.

주님께서는 말씀을 설교하는 일에 그분의 복을 더하여 주십니다. 회중들이 강하게 되는 것이 바로 이 설교로 말미암음이요, 이는 역사를 통해서 입증되었습니다. 언약의 표와 인과 관계된 설교를 통하여, 회중들은 거룩한 믿음 안에서 더 강해지고 세워지며, 그리스도의 몸에 접붙여집니다. 설교를 통하여, 회중들은 순결함 안에서 보호 받고, 전투 가운데 격려를 얻으며, 고난 가운데 치유 받고, 신앙 고백 안에서 굳게 세워집니다. 양떼는 설교를 통하여 교회에 머무르게 되며, 교회는 그 양떼와 함께 권위와 존경과 예배가 더욱 흥왕하게 됩니다.

설교의 중요성은 쉽게 간과할 수 없으며 설교자라는 직무의 가치 또한 그러합니다. 하나님의 감추심으로부터 나누어주는, 곧 영생의 말씀을 선포하는 하나님의 말씀의 종(verbi divini minister)이 된다는 것은, 이 세상의 그 어떤 직책과도 비견할 수 없을 만큼 중요합니다. 따라서 책임과 부르심은, 전달하는 사람에게도 막중한 것입니다. 오늘날 교회와 예배에 참석하는 일을 평가절하 하는 합리적인 불평이 있는데, 그 중 두드러진 부분은 말씀의 종들의 책임입니다.

자신을 설교의 열매와 소산에 대한 감식전문가로 여기는 사람은 누구든지 불평할 만한 많은 이유를 찾아낼 것입니다. 분명한 것은, 그것이 합리적인 분석이어야 한다는 것입니다. 우리는 웅변가나 강사의 표준으로 설교자와 설교를 평가할 수 없습니다. 수많은 회중이 있으며 따라서 무수한 설교자들이 존재한다는 사실을 기억해야 합니다. 그들 모두가 반드시 웅변가여야 한다고 요구하는 것은, 하나님의 뜻에 결함이 있다고 지적하는 것과 같습니다. 왜냐하면 하나님께서는 오직 소수의 설교자들에게 웅변술의 은사를 주시기 때문입니다. 또한 우리는 말씀의 사역자가 주일에 두 번 설교해야 하며, 여전히 주중의 다른 경우에도 설교해야 한다는 사실을 기억해야 합니다. 그러므로 설교자가 그의 다른 의무를 성실하게 수행한다면, 그는 항상 신선하고 새롭고 최신식이 될 수는 없습니다.

그러나 이 모든 것을 고려해 보았을 때, 설교의 형식과 내용에 관하여 여전히 불평할 만한 것이 얼마나 남아 있을까요! 이것을 살피는 이유는 어떤 설교자가 더 큰 은사를 지니지 못했다는 데 있다기보다, 그가 받은 [은사를] 더 효과적으로 사용하지 않고 있다는 데 있습니다. 이런 일은 매우 빈번하게 일어납니다. 얼마나 많은 설교자들이 자신의 재능을 최대한 발휘하는 일에 실패하는 지요! 그들은 재능을 낭비하고 오용합니다. 그들의 설교에는 종종 그 용어와 어조가 상투적이고 진부하며, 부정확한 어투와 조악한 표현들, 그리고 자연스럽지 못한 자세와 손짓이 있습니다. 그 내용에는 열정적인 준비와 단순성과 진실이 결핍되어 있고, 속도와 사상, 믿음과 영감 그리고 무엇보다도 엄숙함과 기름 부으심이 결여되어 있습니다.

이 모든 것을 종합해 볼 때, 우리가 확실히 말할 수 있는 것은, 적어도 작금의 설교가 시의적절하지 못하며 그 필요를 채워주지도 못한다는 것입니다. 만일 강단이 다시 한 번 강력한 힘을 발휘할 수 있다면 이런 상황이 개선될 터인데, 그런 일은 우리가 성경을 연구하는 일로 돌아갈 때 일어나게 될 것입니다.

바로 이것이 오늘날 우리 시대의 설교가 지닌 주요 결핍입니다. 오늘날의 설교는 성경으로부터 나오지 않습니다. 오늘날의 설교는 성경을 영감하신 성령의 세례를 받지 않습니다. 현재 성경을 탐구하는 일들이 벌어지고 있습니다. 학술원이나 개론적 학문들이 이 일에 가장 큰 역할을 하고 있습니다. 하지만 그것들은 참된 연구가 아닙니다. 물론 그런 연구들을 통해 우리는 성경에 관하여 많은 것을 배울 수 있습니다. 사람들은 성경이 존재하게 된 환경과 발생하게 된 토대에 대해 정통할 수 있습니다. 그러나 그런 이익을 가져다주고, 다른 많은 일들처럼 우리를 의심하게 만들지 않는다고 해서, 그 연구가 성경 그 자체 즉 성경의 풍성함과 깊이와 그 통일성과 다양성을 가르쳐주는 것은 아닙니다. 그렇게 되면 우리의 설교는 무익하게 됩니다. 우리의 설교는 설교가 필요로 하는, 즉 설교가 딛고 서야 할 하나님의 말씀으로부터만 얻을 수 있는 그 능력과 권세를 상실하게 됩니다. 그러면 우리의 설교가 질서정연

한 대지의 구분과 깔끔한 형식으로 장식된 예술 작품이 될 수는 있을 것입니다. 하지만 이런 설교는 하나님 말씀의 영원한 진의가 결여되기 때문에, 빈곤한 설교가 되고 말 것입니다. 그러므로 성경 연구는 설교자에게 가장 근본적이며 일차적인 요구사항입니다. 주석 없이도, 필요하다면 명석한 관찰, 기도하는 마음, 경건함, 잘 수용하는 영혼, 그리고 거룩하고 정결한 양심을 가지고, 성경을 체계적이며, 집요하게, 지속적으로 연구해야 합니다.

오, 우리는 실로 성경을 너무나 모르고 있습니다. 우리는 성경의 너무나 작은 부분만 이해하고 있을 뿐입니다. 성경은 여전히 회중들이 경험해보거나 즐기지 못한 숨은 보화들로 가득 차 있습니다. 우리는 지금까지 성경 여기저기를 살펴보아 왔습니다. 하지만 18세기는 이미 지나갔고 역사는 종말을 향해 가고 있습니다! 우리는 인자가 오실 때 시대의 표적들을 이해하고 예언의 빛 안에서 그것들을 선포할 수 있도록, 주님의 말씀을 지켜왔노라고 그 이름을 부인하지 않았노라고 주님께 고백할 수 있도록 우리 자신을 재촉해야 합니다. 그럴 때 우리는 주님과 주님의 부활의 능력과 그분의 고난에 동참함이 무엇인지를 알게 될 것입니다.[5] 우리 모두는, 특별히 설교자들은 이 일에 일정 부분 헌신해야 합니다. 하나님의

---

5 빌립보서 3장 10절.

헤르만 바빙크의 설교론

말씀을 알리며 우리의 설교를 그 말씀에 더욱 복종시키기 위해 애써야 합니다.

회중은 성경을 더욱 잘 이해하고 더 분명히 경험해야 하며, 그 유기적이며 일관성 있는 통일성을 잘 이해해야 합니다. 이는 우리 시대의 불신앙과 관련된 이론들과 의심들을 대적하여 회중들이 더욱 확고하게 서게 할 것이며, 경건함을 수반되는 진리의 말씀으로부터 젊은 세대들이 멀어지지 않게 해 줄 것입니다.

말씀의 사역자들이 이런 요구를 실천에 옮긴다면, 설교를 손상시키는 모든 결함들은 점점 줄어들 것입니다. 그럴 때 그 밖의 모든 것들은 따라오게 될 것입니다. 하나님의 말씀이라는 가면을 쓰고 사람들에게 그저 일종의 견해만 제공하는 비참한 "모토-설교"[6]는 사라지게 될 것입니다. 그러면 우리 자신의 생각과 환상에도 불구하고, 건강하고 신선하며 강건케 하는 하나님의 말씀의 영양소가 하나님의 백성들에게 전달될 것입니다. 설교자는 심신의 소모에 대한 두려움을 가질 필요가 없고 본문과 자료를 찾기 위해 몇 시간씩, 며칠씩 낭비할 필요도 없습니다. 청중들 역시 신선

---

6   바빙크의 역사적 배경으로 볼 때, "모토 설교(motto-preeken)"라는 용어는 성경 본문을 갈고리와 같은 교묘한 문구(motto)로서 사용하는 용법을 말하며 설교의 내용은 이 모토에 빈약하게 매달려 있게 된다. 이에 대해서는 다음 작품을 참조하라. Johannes Jacobus van Oosterzee, *Johannes Jacobus. Practische theologie: een handboek voor jeugdige godgeleerden*, Deel 1 (Utrecht: Kemink, 1877).

함이 결핍되었다며 불평할 필요도 없고, 부족함이나 지루함도 느끼지 않게 될 것입니다. 회중들은 잘 먹어야 하며 매주일 영적으로 새롭게 힘을 얻을 권리가 있습니다. 회중들에게 먹을 것을 주고 설교자들에게 교훈을 제공하십시오. 하지만 그들의 배를 그저 덧없는 세상 견해나 시대의 새로운 사상으로만 채워서는 안 됩니다. 도리어 그들에게 힘을 주는 하나님의 말씀의 음식과 충분한 영양소를 제공하십시오. 그러면 성경에서 나온 그 내용은 점점 건강해지고 생명력 넘치게 되며 신선해질 것입니다. 이는 [설교의] 형식에도 유익을 줍니다. 다른 방식은 없습니다. 누구든지 성경을 진지하고도 솔직하게 연구한다면, 그는 모든 교만함과 오만불손함, 그리고 헛된 철학을 버리게 될 것입니다. 성경은 이 세상에서 가장 단순하고 자연스러우며 포괄적인 책입니다. 가장 대중적이며 누구라도 달리 좋아할 수밖에 없는 책입니다. 성경을 공부하는 것은 가장 고상한 의미에서 우리를 명망 있는 사람이 되게 해 줄 것입니다. 이는 모든 종류의 조악함과 거칠음, 그리고 상스러움을 절제할 뿐만 아니라, 사람들의 마음을 두드리고 바꾸며 그들의 영혼을 전율하게 한다는 의미의 명망입니다. 그렇게 될 때, 우리의 화법은 성령에 의해 형성될 것이고, 성경의 화법과 하나가 될 것이며, 최고의 설교자요 유일한 교사이며 교회의 의사이자 보혜사이신 성령님(Doctor et Consolator Ecclesiae)의 화법과 하나가 될 것입니다. 그럴 때 우리는 회중들을 불안하게 하고 의심을 불러일

헤르만 바빙크의 설교론

으키는 대신 그들을 이해시키게 될 것입니다. 우리는 우리 자신을 위해서가 아니라 그들을 위해 말하고 있기 때문입니다. 그러면 이제 우리의 설교는 더 이상 지루하지도 단조롭지도 더욱이 짜증을 불러일으키지도 않을 것입니다. 오히려 우리는 성령으로 충만하여 큰 능력 가운데 말하게 될 것입니다.[7] 그 때 우리는 인간의 지혜가 아니라 우리 하나님의 영원하고 영속하는 말씀으로 말하게 될 것입니다. 이런 설교에는 열매가 맺힐 수 밖에 없습니다. 하나님의 말씀은 결코 헛되이 돌아오지 않기 때문입니다.[8]

더불어 회중들은 우리가 하나님의 말씀을 그들에게 열어 선포해야 할 자격이 있는 사람들입니다. 그들은 그럴 권리가 있습니다. 회중들은 매일 일해야만 하고 성경을 공부할 만한 시간이 절대적으로 부족합니다. 주일이 되면, 그들은 목회자들이 성경을 열어 거기서 발견한 비밀을 풀어주기를 간절히 바랍니다. 그들은 설교가 보잘 것 없는 논리가 아니라 단순함과 능력 가운데, 그들 자신의 언어 안에서, 선명하고 명료하며 쉽게 이해할 수 있기를 갈망하며, 지성으로 이해할 수 있도록 잘 준비된 설교를 고대합니다. 회중들은 설교자들의 이런 노력과 부지런함[의 대가]를 두 가지 방

---

7 고린도전서 2장 4절.

8 이사야 55장 11절.

식으로 보상해 줍니다. 그것은 금이나 은과 같은 물질이 아니라 그것보다 더 귀한 것, 곧 존경과 사랑과 감사인데, 이는 세상의 그 어떤 보물보다 더 값비싼 것입니다.

이는 또한 물질적 보상과도 잘 어울리는 것입니다. 좋은 설교는 반드시 보상을 받습니다. 만일 회중들이 우리가 설교자로서 그들에게 우리 자신을 준다는 사실을 알게 된다면, 그들 역시 우리에게 그들 자신을 헌신하게 될 것입니다. 만일 우리가 그들의 영적 구원을 위해 일한다면, 그들은 우리의 육체적 삶의 결핍을 그냥 두고 모른 체하지 않을 것입니다. 회중들의 설교자로서 우리가 하나님의 영광과 그들의 영혼 구원을 위해 설교한다면, 그들은 감사를 모르는 냉담한 사람들이 되지 않을 것입니다. 순결하고 순수한 하나님의 말씀을 단순하고 진실하게, 믿음 안에서 열정적으로 설교하는 일은 자유 교회(*De Vrije Kerk*)의 존재와 성장을 보존하고 보증하는 일입니다.[9]

---

9   이는 바빙크가 기고했던 「자유 교회」(*De Vrije Kerk*)라는 잡지를 지칭한다.

세상을 정복하는
믿음의 능력

세상을 정복하는 믿음의 능력

이 설교는 1901년 6월 30일 깜쁜에 있는 부르흐발교회(Burgwalkerk)에서 요한일서 5장 4절 하반절을 설교한 원고입니다.[1]

이 설교문은 크루거(Kruger)대통령이[2] 그의 수행원들을 이끌고 깜쁜을 방문하는 동안 부르흐발교회의 예배에 참

---

1   Herman Bavinck, *De Wereldverwinnende Kracht des Geloofs: Leerrede over 1 Joh. 5:4b, uitgesproken in de Burgwalkerk te Kampen den 30sten Juni 1901* (Kampen: P. H. Zalsman, 1901). 이 설교에 대한 대체 가능한 또 다른 번역은 볼트가 편집한 『바빙크의 그리스도인의 삶』(*Bavinck on the Christian Life*, 235-252)이란 책에 수록되어 있다. 이 번역들은 독립적으로 동시에, 그리고 번역자들이 모른 채 출간되었다. 나의 번역은 그 내용의 완전함을 위해 이 책에 수록되어 있다.

2   폴 크루거로 더 잘 알려진 스테파뉘스 요하네스 파울뤼스 크루거(Stephanus Johannes Paulus Kruger: 1825-1904)는 제2차 보어 전쟁(1899-1902) 동안 대영제국에 맞서 싸운 아프리카인들의 대표자였으며, 남아프리카 공화국(트란스발)의 대통령이었다. 크루거의 깜쁜 방문을 다룬 자서전의 기억에 대해서는 다음 작품을 참조하라. Paul Kruger, *The Memoirs of Paul Kruger: Four Times President of the South African Republic*, vol. 2 (London: T. Fisher Unwin, 1902), 371. "나는 또 다시 개신교회의 메카인 깜쁜을 방문했다... 그들이 보여준 환대와 다정함은 상상 그 이상이었다."

           헤르만 바빙크의 설교론

석했을 때인 1901년 6월 30일 주일에 설교한 원고입니다. 이 설교를 들은 많은 사람들이 이 설교가 반드시 출간되어야 한다는 소망을 전해왔습니다. 비록 제가 이 설교를 문자 그대로 반복할 수는 없지만, 이런 다정한 간청을 들어주는 일을 반대할 이유는 없습니다. 이제 제가 그날 전한 말과 거의 일치하는 전체 설교가 여기 간결하게 제시되었습니다.

- 헤르만 바빙크

지금으로부터 단 몇 개월 밖에 지나지 않은 19세기는, 많은 이들에게 불신앙과 혁명의 시대로 적절하게 이름 붙여졌습니다.[3] 이제 우리는 20세기에 막 들어서기는 했지만, 우리도 모르는 사이에 우리 안에 어떤 문제가 일어나고 있다는 것을 느끼게 됩니다. 과연 이 새로운 20세기에 기독교 신앙이 회복되고 모든 삶의 국면에 종교 개혁의 원리가 적용되는 것을 볼 수 있을까요?

이런 질문이 우리 마음에 떠오를 수 밖에 없는 3가지 징후들이 있습니다. 첫째로, 세기가 바뀌면서 국가들 사이에서 생각하

---

3   『불신앙과 혁명』(Unbelief and Revolution)은 반-혁명당의 대변인이었던 흐룬 판 프린스터러(Groen van Prinsterer)의 가장 대표적인 작품이었다. Guillaume Groen van Prinsterer, *Ongeloof en revolutie.Eene reeks van historische voorlezingen* (Leiden: S. and J. Luchtmans, 1847). 이 책은 또한 영어로 번역되어 다음과 같은 작품으로 출간되었다. *Groen van Prinsterer's Lectures on Unbelief and Revolution*, trans. Harry van Dyke (Jordan Station, Canada: Wedge Publishing Foundation, 1989).

는 것과 노력하는 것에 눈에 띄는 흐름의 변화가 있습니다. 혁명은 기대를 충족시키지 못했습니다. 혁명이 약속했던 것 중에 그 어떤 것도 성취되지 않았습니다. 우리 눈앞에 매달려 있던 낙원은 이 땅에서 이루어지지 않았습니다. 도리어 실망과 불만족이 도처에 만연해 있습니다. 사람들은 한편으로는 문화에 대한 만족이 부족하고, 다른 한편으로는 사회의 상태에 대한 불만과 쓰디쓴 불평이 늘어난 삶에 지쳐버렸습니다. 급진주의자들이나 사회주의자들이 혁명의 원리를 더욱 엄격하고 광범위하게 적용함으로써 구원을 기대하는 반면에, 이런 불신앙적인 교리의 실제적인 결과에 반발하는 사람들과, 인간의 삶의 다양한 국면에 신앙의 영역을 또다시 포함시키려는 경향을 띤 사람들도 있습니다. 우리 시대의 많은 자녀들 가운데 신앙에 대한 관심이 확실히 돌아왔습니다. 보이지 않는 것을 대담하게 부정하기보다는 그것에 대한 인식과 존중이 있습니다. 현상으로부터 본질에 이르기까지 접근하기 어려운 기나긴 길을 따르고자 하는 노력, 보이는 세계로부터 그 세계를 지탱하는 신비한 배경으로 나아가려는 노력을 우리는 볼 수 있습니다. 이 새로운 지성적 경향에 문제가 있음에도 불구하고 여기에는 행복과 감사의 원인이 되는 무언가가 포함되어 있습니다. 지성의 지배는 종말을 고했습니다. 양심[gemoed]이 다시 제자리를 찾았습니다. 믿음이 물질의 숭배와 이성의 폭정에서 그 첫 승리를 거둔 것입니다.

두 번째 사건은, 남아프리카 전쟁입니다. 이는 우리의 관심을 끌기에 충분하며 위의 질문에 대한 근거를 제공합니다.[4] 지난 세기 내내 그리고 끝 무렵에 많은 전쟁들이 발발했습니다만, 자유와 독립을 유지하기 위해 싸운 두 남아프리카 공화국보다 더 깊고 광범위한 영향을 끼친 전쟁은 없습니다. 우리는 그 이유를, 최근에 발생한 그 어떤 전쟁도 소수의 국민들이 강력한 국가를 대항해 싸운 이 전쟁처럼 정의와 권력이 날카롭게 대립했던 전쟁이 없었다는 사실에서 찾아야 합니다. 왜냐하면, 영국이 정의에 대한 [폭넓은] 감각을 가장 사악한 방식으로 학대했기 때문인데, 그 결과 모든 사람들은 동정심으로, 실질적인 지원과 기도로 압제당하는 아프리카 사람들의 편에 섰습니다. 정의에 대한 부당함으로 고무된 이런 관심은, 이 투쟁에 참여한 영웅적인 보어 전사들의 마음에서 보게 된 순전하고 강력한 신앙에 대하여 찬사를 동반하게 했습니다. 문명화된 세상에 불신앙이 가파르게 증가하고 있을 때 남아프리카에서 한 국민이 일어섰습니다. 비록 수가 적고 힘이 약했고, 조직적인 전투에 능한 것도 아니었으나, 그들은 강력한 믿음으로 분연히 일어났으며 정의에 영감을 받아 어떤 대가를 치른다

---

4 바빙크는 여기서 남아프리카 내에서 발생한 대영제국과 두 개의 독립된 보어(Boer) 정부 즉 오렌지 자유국(Orange Free State)과 트란스발 공화국(Transvaal Republic) 사이의 보어 전쟁(1880-1881, 1899-1902)을 언급하고 있다.

할지라도 자유를 위해 희생할 준비가 되어 있었습니다. 바로 이 믿음이 세상을 놀라게 했고 폭력과 권력을 이기는 힘을 보여주었습니다.

마지막으로 믿음의 능력에 관하여 우리에게 말해주는 세 번째 사건은 우리나라의 정치 선거 결과입니다.[5] 시민으로서 하나님께 영광을 돌리기 위해 존재하는 이 제단에 낯선 불이 들어온 것은 의심의 여지가 없습니다. 이 일에 참여한 모든 이들은 그들의 선택을 기독교적 원리가 요구하는 바에 한정시키는 것과 거리가 먼 사람들이었습니다. 그럼에도 이 선거의 결과에 대해 기뻐할 수 있으며 그 일에 전율하며 즐거워할 수 있습니다. 누구라도 현재 이 세기의 시작을 지난 세기와 비교해본다면, 기대를 많이 뛰어넘었다는 것을 발견할 수 있습니다. 하나님은 이 땅에서 자기 백성들을 선대하셨고, 찬미와 감사가 넘치게 하셔서 (그 백성들이) 날마다 확장되고 세워져 가도록 역사하셨습니다. 이제 선거의 결과에 따라 대다수의 네덜란드 백성들은 더 이상 불신앙과 혁명의 길을 따라가지 않을 것임을 온 천하에 천명했습니다. 또한 이 나라의 정부를 위해서 우리는 기독교적인 원리가 고려되기를 갈망하

---

5   이 사건은 개혁과 신학자인 아브라함 카이퍼(Abraham Kuyper)의 영도 하에 치러진 반-혁명의 1901년의 선거를 지칭하는데 이 선거에서 반-혁명당은 자유당 다음의 다수당이 되었다. 카이퍼는 연합정부 형성을 제의받았고 그 해 8월에 수상이 되었다.

헤르만 바빙크의 설교론

고 있습니다. 우리 국민들은 이 투표함 속에 아름다운 신앙 고백을 밀어 넣은 것입니다. 우리는 이 고백을 통해 세상을 이긴 승리가 바로 우리의 믿음이었음을 나타낸 것입니다.

저는 오늘 남아프리카 공화국의 대통령과 그의 수행원들이 하나님의 기도의 집인 이 그리스도의 교회에 함께 모여 있는 바로 이 시간에, 이 세 가지 사건을 통하여 여러분에게 세상을 정복하는 믿음의 능력에 대해 말하고자 합니다. 그 전에 먼저 주의 얼굴 앞에 감사와 기도로 나아가며 우리의 모임을 향하여 주님께서 주실 복을 간구합시다.

"세상을 이기는 승리는 이것이니 우리의 믿음이니라"

요한일서 5:4 下

요한은 일반적으로 사랑의 사도로 불리는데, 아무 이유 없이 그런 것은 아닙니다. 그러나 그런 점은 요한이 끊임없이 믿음을 다루고 있다는 [사실을] 조금도 배제하지 않습니다. 우리가 다루려는 본 장의 첫 다섯 절에서 요한은 믿음에 관한 영광스러운 세 가지 진실을 증언합니다. 첫째로, 요한은 믿음이 사람 안에 삶의 새로운 원리를 심어준다고 말합니다. 누구든지 예수를 그리스도라고 믿는 자는 하나님으로부터 난 자입니다. 믿음으로 그는 사망에서 생명으로 옮겼습니다. 이제 그는 더 이상 땅에 속하지 않고 하늘에 속합니다. 그는 이제 더 이상 세상에 속하지 않고 하나님의 자녀, 천국의 시민, 영생의 상속자가 됩니다. 누구든지 예수님을 그리스도로 영접하는 자에게는 하나님의 자녀가 되는 권세를 주셨기 때문입니다. 말하자면, 예수님의 이름을 믿는 자들은 혈통으로나 육정으로나 사람의 뜻으로 나지 않고 하나님의 뜻으로 난 자이기 때문입니다.

둘째로, 요한은 예수님을 그리스도로 믿는 그 믿음은 하나님의 계명을 향한 사랑과 순종의 강력한 능력이라고 증언합니다. 예수님을 하나님의 아들이신 그리스도로 믿는 자는 누구든지 그 믿음 안에서 자기 아들을 보내시고 우리와 화목하신 하나님께서 우리에게 계시해 주신 위대한 사랑을 경험하게 됩니다. 이 비할 데 없는 사랑이 생명을 주신 분을 온 마음과 뜻과 힘을 다하여 사랑하도록 강권합니다. 왜냐하면, 사랑이 여기 있으니 이 사랑은 우리가 하나님을 먼저 사랑한 것이 아니라 하나님께서 먼저 우리를 사랑하사 그의 아들을 보내셔서 우리 죄를 속하기 위한 화목제물로 삼으셨기 때문입니다. 그러므로 하나님이 먼저 우리를 사랑하셨기에 이 사랑 때문에 우리 또한 그분을 사랑하게 된 것입니다. 바로 이런 감사의 사랑으로 인해 하나님을 사랑하는 사람은 누구든지 하나님으로부터 나서 같은 하나님 아버지의 가족에 속한 모든 사람들을 사랑합니다. 그렇습니다. 그는 믿음으로 말미암아 하나님의 계명 가운데 일부만이 아니라 모든 계명을 올곧게 지켜 행하려는 열망을 갖게 됩니다. 이러한 계명들은 전혀 무겁지 않습니다. 세상이 부과하는 계명들은 무거우며 세상을 섬기는 일은 고된 일입니다. 그러나 하나님을 사랑하는 자에게는 그의 계명들이 온종일 기쁨이 됩니다. 예수님의 제자들에게는, 그분의 멍에가 쉽고 그분의 짐이 가볍습니다.

셋째로, 요한은 우리가 다루고 있는 본장 4절과 5절에서 심지어 믿음이 세상을 이긴다고 확언합니다. 하나님으로부터 난 사람은 세상을 이깁니다. 그는 믿음을 통해 세상을 이기는데, 예수님이 하나님의 아들이심을 믿는 믿음을 통해 세상을 이기는 것입니다. 다음의 세 가지 요점에 차례대로 관심을 기울일 때, 우리는 이 **세상을 정복하는 믿음**을 보게 될 것입니다.

이 믿음이 겪게 되는 **반대**
이 믿음이 나타내는 **특징들**
이 믿음에 약속된 **승리**

I. ———

요한은 믿음에 반하는 모든 것, 곧 믿음이 겪게 되는 모든 반대들, 믿음이 분투하는 것에 맞서 적대하는 모든 힘을 "세상"이라는 이름으로 요약합니다. "세상"이라고 번역된 그리스어 단어는 실제로 "보석"[또는 "장신구"]을 의미하며, 이는 그리스어를 사용하는 사람들이 주로 세상을 아름다운 것으로 바라보았다는 점을 가리킵니다. 이 세상은 그 형태와 색상, 조화로운 질서와 규칙성이 풍부하기 때문에, 그리스인들(The Greeks)은 아름다운 예술작품인 세상에 경탄했습니다.

성경 역시 이 세상에서 발견되는 아름다움을 잘 인식하고 있습니다. 성경은 그리스 철학자들이 추정하지 못한, 시야의 범위 너머에 관한 것을 우리에게 들려줍니다. 존재하지 않던 것을 불러 존재하도록 온 세상을 말씀으로 창조하신 전능하시고 영원하신 하나님이 계시며, 모든 창조 사역을 마치고 당신이 만드신 것을 보시며 매우 좋았더라고 말씀하신 하나님이 계신다는 사실 말입니다. 그러나 동시에 성경은 타락 이후에도 강력하고 경건한 언어로 세상의 아름다움을 노래합니다. 하늘이 하나님의 영광을 선포하고 궁창이 그의 손으로 하신 일을 나타냅니다. 하나님의 음성이 큰 물 위에 있습니다. 하나님의 호흡이 지면을 새롭게 합니다. 하나님의 발자취가 풍요로움으로 흘러넘칩니다.[6] 천사들보다 조금 못하

---

6   시편 65장 11절 下.

게 된 인간조차도 영예와 영광으로 관을 씌우셨습니다.[7] 여호와는 모든 사람에게 선하시고, 그분의 이름은 온 땅 위에 영화로우며, 그분의 자비는 행하신 일에 충만합니다.

그러나 성경은 그저 심미적 세계관에서 멈추지 않습니다. 성경은 광대한 창조사역과 그분의 미덕을 널리 알리시는 하나님의 사역을 찬탄하고 있다는 점에서, 이방인들이 시도하는 자연의 신성화 작업과는 크게 다릅니다. 그럼에도 [성경이] 세상의 아름다움을 찬미하는 것만으로는 충분하지 않습니다. 성경은 창조된 피조물들에 대하여 구별된, 더 높은 도덕적 기준을 설정하고 신적인 의의 요구에 따라 모든 것을 시험합니다. 그리고 바로 이 표준을 따라 성경은 이 세상이 본래 의도되었던 그 세상이 아니라고 선포합니다. 세상은 타락했으며 그 이상을 완전히 상실하고 말았습니다. 피조물은 하나님을 대적하고 죄를 섬기는 세상이 되어 버렸습니다. 이런 의미에서 타락한 천사들은 이 세상에 속합니다. 그들은 하나님 보좌의 발등상에 아름답게 위치해 있었음에도 불구하고 그들이 마땅히 지켜야 할 원리를 따르지 않았습니다. [언약적인] 머리 안에서 타락한 사람들, 곧 죄 가운데 출생하여 매일 하나님 앞에서 죄책을 증가시키는 사람들이 이 세상에 속해 있습니

---

7 시편 8편 5절.

다. 바로 이 세상에 죄로 어두워진 인간의 지성과, 악에 기울어진 의지와, 모든 악한 생각이 흘러나오는 마음과, 하나님에게서 멀어져 물질에 애착을 갖는 영혼과, 그 온 지체를 불의의 병기로 바치는 몸이 속해 있습니다. 바로 여기에, 가족과 사회와 국가의 제도, 직업과 사업, 과학과 예술 그리고 산업과 상업과 같은 사람들이 만들고 세운 모든 것들이 속해 있습니다. 바로 이 세상에 첫 사람 아담으로부터 여자에게서 태어난 모든 마지막 사람까지 인류 전체가 속해 있습니다. 모든 세대와 가족들과 언어와 사람들, 역사의 모든 시대들, 발전하고 확장되는 모든 세기들, 전투와 승리, 문명화와 쇠퇴, 국가와 제국의 설립까지도 바로 이 세상에 속해 있습니다. 심지어 인간의 의지로 말미암아 세상이 저주를 받았기 때문에 무의미하고 생명이 없는 피조물들이 이 세상에 속해 있습니다. 온 피조물이 탄식하며 지금까지 고통 가운데 노동하고 있습니다. 뜻하지 않게 피조 세계 전체가 허무함에 굴복되었는데, 그것은 그 허영심에 복종한 한 사람의 의지 때문이었습니다.

하나님의 창조로서의 피조세계 전체와 태양계에[8] 존재하는 질서, 거기에 고정되어 있는 가시적이며 비가시적인 부분들 모두

---

8 orrery는 태양계의 움직이는 모델로서 바빙크가 묘사한 네덜란드 문구인 "het raderwerk der schepping Gods"와 일치한다.

헤르만 바빙크의 설교론

가 불의의 도구로 사용되는 한, 요한은 그것을 "세상"이라는 단어로 요약하고 있습니다. 요한은 이것을 **하나**의 이름으로 부르고 있는데, 왜냐하면 죄가 온 세상을 손상시켰고 세상이 (그 안에 있는 모든 것)이 소위 단 **하나**의 목적 즉 창조주이시자 주님이신 하나님을 대적하고 반역하게 만드는 단 **하나**의 원리로 살아가게 만들었기 때문입니다.

오, 우리는 날마다 그저 무의식적으로 하나님은 사랑이시라고 말하고 선포합니다. 물론 하나님은 의로우시고 영원하신 사랑이시며 비할 데 없는 위로가 되십니다. 심지어 하나님은 이 죄악되고 잃어버린 바 된 세상을 사랑하사 독생자를 주셨으니, 이는 누구든지 그를 믿는 자마다 멸망하지 않고 영생을 얻게 하려 하심입니다. 그러니 그리스도 밖에서 누가 감히 하나님의 사랑을 자랑할 수 있다는 말입니까? 하나님의 호의가 피조물에 임하지 않고 도리어 하나님께서 그들과 논쟁하시며 모든 피조물은 그분의 진노로 멸망 받고 그분의 분노하심으로 두려움에 떤다는 사실을, 온 자연 만물과 우리 자신의 마음과 지성이 우리에게 설교하고 있지 않습니까?

이것이야말로 실로 두려운 일이 아닙니까? 죄로 인해 하나님과 세상이 서로 대립하고 있다니 말입니다. 창조주와 그의 피조물, 지으신 분과 지음 받은 대상, 전능하시고 영원하신 하나님과 그 자체로는 존재조차 없는 먼지와 재 밖에 안 되는 무능력한 피조물 사이의 이 반목과 혐오, 분쟁과 전쟁의 상태는 실로 놀라운 일이 아닐 수 없습니다. 이 세상과 그 안에 있는 모든 것은 그 자체의 토대로 존재하지 못하며, 순간순간마다 하나님의 능력의 말씀을 통해 유지됩니다. 하나님은 모든 존재와 생명을 가능케 하시는 분이며 그 능력과 힘, 그것이 존재하고 소유한 모든 것을 주시는 분이십니다. 사탄 또한 위에서 주시지 않으셨다면 그 어떤 힘도 없었을 것입니다. 그러나 죄는 온 우주와 그 안에 있는 모든 피조물을 하나님과 그분의 왕국에 대항하는 도구로 만들어 버립니다. 이 모든 것들을 통해 죄는 세상이 어두움의 군주를 그 사령관으로 두고, 사악함 가운데 놓이게 하며, 불의한 상태로 살게 하고, 죄와 부정의 나라를 형성하게 하며, 폭력과 속임수로 하나님과 그분의 이름과 왕국을 이기려고 분투하게 만듭니다.

그리고 명백하게 이를 통해, 죄는 하나님의 모든 피조물과 은사들이 그 일을 섬기게 하며, 세상은 막강한 힘을 형성하게 됩니다. 그 누가 이 지배에 맞서 대항할 수 있으며, 그 영향에서 벗어날 수 있겠습니까? 세상에게 사면의 벽으로 둘러싸이고 올무에 빠져버린 한 피조물이 그렇게 할 수 있겠습니까? 몸과 영혼과 생각과 욕망이 모두 이 세상에 속한 사람이 그렇게 할 수 있겠습니까? 결국 이 세상은 우리에게 외적인 것일 뿐만 아니라 우리 안의 가장 높은 곳, 곧 우리 마음과 지성과 의지와 모든 정서에 거하고 있는 것입니다. 그리하여, 죄는 우리를 지배하며, 육신의 정욕과 안

헤르만 바빙크의 설교론

목의 정욕과 이생의 자랑으로[9] 우리를 유혹하는 힘을 갖게 됩니다. 이 모든 것들은 아버지로부터 오는 것이 아니라 세상으로부터 옵니다. 죄를 범하는 자마다 죄의 종입니다.[10]

그러나 우리는 우리의 의지와 상관없이 세상을 섬기는 존재가 아닙니다. 비록 우리가 때로는 [이와 관련하여] 기꺼이 스스로를 속임에도 불구하고, 우리는 존재의 중심으로는 세상을 대항하여 하나님 편에 서지 않습니다. 우리는 모두 하나님과 그리스도 없이는 이 세상에서 아무런 소망이 없는 본질상 진노의 자녀입니다. 사람들인 우리는 이 타락한 세상에서 가장 두드러진 역할을 하는 존재들입니다. 우리 안에 가장 강력한 증거들과 죄의 전사들이 있습니다. 우리는 자원해서 기꺼이 하나님이 우리에게 주신 재능과 능력들을 사용하여 죄를 섬깁니다. 우리는 아무런 이의 없이 죄의 방향을 따릅니다. 우리 모두는 온 세상과 함께 하나님의 면전에서 범죄하고, 부정하며, 부패하고, 정죄 받은 자들입니다. 그것은 우리 안에, 그리고 우리 주변에 부인할 수 없는 권세로 존재합니다. 죄는 그 지배권을 모든 피조물에게로 확장시킵니다. 실로 누가 비참한 인생들인 우리를 이 세상의 권세로부터 구원하겠습니까? 누

---

9 요한일서 2장 16절.
10 요한복음 8장 34절.

가 우리를 죄책의 선고와 부정함의 얼룩과 악에 대한 종속과 사망의 폭력으로부터 자유롭게 할 수 있겠습니까? 도대체 그 누가 이 세상을 정복하게 하고 승리자의 왕관을 씌워 줄 수 있다는 말입니까?

II. ———

사랑하는 여러분, 구원을 갈망하는 우리가 절망적으로 헛되이 피조물을 바라보고 있을 때, 주 예수 그리스도의 사도인 요한이 우리에게 와서 우리 눈앞에 하나님의 말씀을 들어 보여주고 있습니다. 세상을 정복하는 승리는 이것이니 바로 우리의 믿음이라고 말입니다.

믿음이야말로 세상을 이기는 승리입니다!

우리가 이 말씀을 처음 들을 때, 요한이 우리의 비참함을 조롱하고 있으며, 세상의 능력이 얼마나 강한지 짐작도 못하고 그저 믿음에 대한 불충분한 과학적 견해를 제시하고 있다는 감정이 우리 안에 일어날지도 모릅니다. 어쨌든 믿음이라는 것이 일종의 의견 이상이 될 수 있겠지만 여전히 지식보다 훨씬 못하며 어느 정도의 개연성 이상으로 여겨지지는 않습니다. 그리고 불확실과 불안정

헤르만 바빙크의 설교론

한 견해에 지나지 않는 이런 믿음은 하나의 사상이나 욕망이 아니라, 내부와 외부에서 우리를 지배하는 모든 세상과 그 안에 있는 모든 권세에 대한 승리가 되어야 합니다.

그런데 사실상 수리아의 나아만 장군처럼 선지자 엘리사가 요단강에 가서 자신을 치료하기 위해 일곱 번 몸을 씻으라고 명령했을 때, 불같이 화를 내며 "다메섹 강 아바나와 바르발은 이스라엘 모든 강물보다 낫지 아니하냐 내가 거기서 몸을 씻으면 깨끗하게 되지 아니하랴"[11]라고 말하며 행동하는 것이 더 합리적이지 않겠습니까? 요한이 이 싸움에서 우리에게 믿음 외에 싸울 다른 무기를 주지 않는다는 것을 깨달을 때, 우리도 이렇게 말하고 떠나버리지 않을까요? "사람들에 의해 만들어진 국가와 왕국들, 예술과 학문들, 수많은 발견과 발명들이 이 전쟁에서 요한이 우리에게 주는 단순한 믿음보다 훨씬 좋은 무기가 아닌가?" 세상에 맞선 이 전쟁에 우리를 준비시키고자 한다면, 왜 요한은 하나님의 손이 이룬 모든 역사를 인간이 주관하게 하는 과학이라는 이름을 말하지 않는 것입니까? 왜 요한은 완고한 물질세계에 인간으로 말미암아 구현된 예술, 강력한 기술, 가장 높고 아름다운 사상을 언급하지 않는 것입니까? 왜 요한은 인간의 내면에 존재하는 짐승 같

---

11 열왕기하 5장 12절.

은 야성을 제어하고 의의 길을 걸어가도록 강압하는 국가라는 무기를 말하지 않는 것입니까? 왜 요한은 폭군의 승리 열차에 모든 사람들을 묶고 모든 나라를 한 나라로 통일시키는 제국의 이름들을 말하지 않는 것입니까? 도대체 왜 요한은 인간의 영광과 위대함에 대해서는 단 한 마디도 하지 않고 단지 적은 무리만이 공유하고 있는 믿음에 대해서만 말하는 것입니까?

하지만 우리가 분노 때문에 요한의 말을 포기하기 전에, 그가 말하는 이 믿음이 의미하는 바가 무엇인지, 그리고 왜 그가 이 믿음이 세상을 정복하는 믿음이라고 말하는지 주의 깊게 살펴보도록 합시다. 편견에 치우치지 않는 진지한 연구는 우리로 하여금 사물의 겉모습에 속지 않게 도와줍니다. 우리가 여기서 발견한 싸움을 제대로 그려낼 수만 있다면, 현재 우리가 당면한 문제는 성격이 변할 것입니다. 우리가 사는 세상은 죄와 불의의 세상, 멸망과 죽음의 세상이며 반드시 이겨내야 할 세상입니다.

영예로운 과학이 그 분야에서 성취한 것이 무엇이든지, 과학은 결코 한 영혼을 죄에서 구원한 적이 없고 하나님의 면전에서 두려움 없이 나타날 수 있게 만들지 못했습니다. 예술이 인간의 삶을 약간 더 즐겁게 해 주었다 할지라도, 예술 역시 사나 죽으나 유일한 위로가 되는 것을 단 한 영혼에게도 제공하지 못했습니다. 비록 국가와 제국들이 많은 사람들과 백성들을 이겨 승리했더라도, 그들은 단 한 번도 그들의 마음을 바꾼 적이 없으며 기꺼운 순

헤르만 바빙크의 설교론

종으로 만왕의 왕 되신 하나님 앞에서 복종한 적이 없습니다. 사람들이 사용해왔던 이 모든 무기들은 이 세상에서 빌려온 것이며 세상에서 왔다가 세상 속으로 사라져 버렸습니다. 죄 가운데 잉태하여 출생한 그들은 이 세상을 섬기며 그 권세와 지배력을 더욱 넓혀갔습니다.

하지만 요한이 언급하고 있는 믿음은 다른 종류의 승리를 말해줍니다. 이 승리는 잃어버린 낙원에서 시작하는 역사로, 대대로 계속되어 온 전체 역사 배후에 존재하는 승리입니다. 잠시 동안만 여러분의 마음에 몇몇 믿음의 영웅들을 말씀드리기 원합니다. 믿음으로 노아는 아직 보이지 않는 일에 대해 하나님의 경고하심을 받아 경외함으로 그의 가족을 구원할 방주를 건설했습니다. 이로 말미암아 노아는 세상을 정죄하고 믿음을 따르는 의의 상속자가 되었습니다.[12] 믿음으로 아브라함은 장래의 유업으로 받은 땅을 향하여 가라는 말씀에 순종했습니다. 그는 갈 바를 알지 못하고 길을 떠났습니다.[13] 믿음으로 모세는 장성하여 바로의 공주의 아들이라 칭함 받기를 거절하고 죄악의 낙을 누리기보다 하나님의 백성들과 함께 고난 받는 것을 선택했습니다. 모세는 그리스도

---

12 히브리서 11장 7절.

13 히브리서 11장 8절.

를 위하여 받는 수모를 애굽의 모든 보화보다 더 크게 여겼는데 이는 그가 상 주심을 바라보았기 때문입니다.[14] 믿음으로 이스라엘 백성들은 홍해를 육지 같이 건넜지만, 애굽 사람들은 같은 일을 시도하다가 빠져 죽었습니다. 믿음으로 이스라엘 백성들이 여리고 성을 7일 동안 돌았을 때 성벽이 무너져 내렸습니다.[15] 믿음으로 바울은 이방인의 땅에 들어가 문명의 중심지에 십자가 복음의 깃발을 꽂았습니다. 믿음으로 그리스도의 교회는 1세기 로마 제국의 박해를 견뎌냈고 유럽의 백성들로 하여금 그리스도께 순종하게 만들었습니다. 믿음으로 루터는 로마 교회 시대에 목소리를 높였고, 다시 한 번 복음의 순수한 불빛을 새롭게 밝혔습니다. 믿음으로 우리 조상들은 지난 80년 동안 로마 교회의 우상숭배와 스페인 제국의 폭정에 맞서 싸웠고, 자유를 위한 두 싸움 모두에서 승리했습니다. 믿음으로 남아프리카의 영웅들은 자유와 정의를 위해 싸워 강력한 영국의 무기들을 무용지물로 만들었고, 이를 바라본 전 세계는 지금까지도 여전히 놀라워하고 있습니다. 믿음으로 나라들을 이기기도 하며 의를 집행하기도 하며 약속을 받기도 하며 사자들의 입을 막기도 하며 불의 세력을 멸하기도 하

---

14 히브리서 11장 24-26절.

15 히브리서 11장 29-30절.

헤르만 바빙크의 설교론

며 칼날을 피하기도 하며 연약한 가운데서 강하게 되기도 하며 전쟁에 용감하게 되어 이방 사람들의 진을 물리치기도 한 수백 수천 명의 이름을 어찌 다 말할 수 있겠습니까?[16]

그러므로 세상을 정복하는 믿음의 능력에 대한 증거로 역사를 인식하십시오! 그러나 그러한 증거는 각각의 [특정한] 역사 속에 발생한 믿음을 제쳐두지 않으며, 그 대상과 기원과 본질과 상관없이 이 믿음을 단순히 심리적 현상으로서 다루지 않습니다. 이 세상에는 다양한 종류의 믿음이 있습니다. 한 사람으로부터 나오는 믿음, 세상에 속한 믿음, 우상 앞에 절하는 믿음 등은 단순히 불신앙이거나 미신과 같은 믿음입니다. 이런 믿음은 세상을 대적하여 싸우거나 세상을 정복하는 믿음이 아니라, 도리어 그것을 지지하고 세워가는 믿음입니다.

주님의 사도 요한은 세상을 정복하는 힘을 가리켜, 그의 형제자매들과 함께 공유한 믿음, 곧 예수께서 그리스도이시며 살아계신 하나님의 아들이심을 믿는 믿음이라고 말합니다. 확실하고 분명하게 정의된 이 믿음만이 승리를 쟁취할 수 있습니다. 왜냐하면 이 믿음만이 하나님의 아들 **예수님**을 그리스도로 고백하기 때문입니다. 다시 말해, 예수님은 여자에게서 나신 역사적 인물이

---

16 히브리서 11장 33-34절.

셨고, 19세기 전에 팔레스타인에서 사셨으며, 모든 면에서 우리와 같이 되셨으나 죄는 없으셨고, 온 땅을 다니시며 설교하시고 선한 일을 행하시며 사람들 가운데 병을 치유하시고, 멸시 받고 수치스러운 십자가에서 자신의 생명을 바치신 분이십니다. 이 예수님께서 우리 가운데 오셨을 때, 그분은 고운 모양도 없으셨고 우리가 흠모할 만한 영광을 지니지도 않으신,[17] 인간 이상의 다른 어떤 존재로도 여겨지지 않았을 것입니다. 그럼에도 불구하고 예수님은 하나님의 아들이시며, 은혜와 진리가 충만한 성부 하나님의 유일하신 독생자이시고, 육신으로 하면 조상들에게 나셨으나 또한 만물 위에 계셔서 세세에 찬양 받으실 참 하나님이십니다.[18] 이 예수님이 바로 그리스도이십니다. 그분은 그저 우리의 미덕이나 선행, 학문적 기술, 국가나 권력, 하늘이나 땅의 어떤 독자적인 피조물이 아니라, 오직 그분만이 그리스도이시며, 여호와의 종이시며, 기름부음 받은 자이시며, 가장 위대한 선지자, 우리의 유일한 대제사장, 우리의 영원한 왕이십니다.

---

17 이사야 53절 2절.

18 로마서 9장 5절.

헤르만 바빙크의 설교론

이를 통해, 곧 그 내용과 대상을 볼 때, 바로 이 믿음이야말로 세상을 정복하는 능력이라 할 수 있습니다. 그것은 단순히 역사적 진실에 대한 입술의 고백이나 지성적인 동의 정도가 아닙니다. 믿음은 강력한 확실성이며 흔들리지 않는 신념이며 지워지지 않는 확신입니다. 믿음은 혈과 육으로 된 것이 아니고 인간의 뜻으로 된 것도 아니며, 오직 하나님으로부터 나와 그분의 성령에 의해 마음에 역사한 것입니다. 믿음은 인간의 영혼을 중보자에게 묶고 보이지 않는 세상을 보는 것처럼 굳게 붙잡는 것입니다. 믿음은 사람을 어두움에서 하나님의 사랑의 아들의 나라로 옮기고, 흔들리지 않는 실재하는 세상에서 그를 지지해주고 안식하게 해 줍니다. 믿음은 그가 바라는 것들에 대한 확고한 근거이며, 보이지 않는 것들에 대한 논박할 수 없는 증거입니다.[19] 믿음은 그로 하여금 온 세상을 향해 기뻐하며, "하나님이 우리를 **위하시면** 누가 우리를 대적하리요"[20] 라고 외치는 용기입니다. 믿음은 그로 하여금 밤에 시편을 노래하게 하며, 가장 무시무시한 압제 가운데서도 분연히 일어나 노래하게 만드는 참된 위로입니다.

---

19 히브리서 11장 1절.

20 로마서 8장 31절.

여호와는 나의 능력과 찬송이시요
또 나의 구원이 되셨도다.
의인들의 장막에는 기쁜 소리,
구원의 소리가 있음이여
"여호와의 오른손이 권능을 베푸시며
여호와의 오른손이 높이 들렸으며
여호와의 오른손이 권능을 베푸시는도다."[21]

III. ───

셋째로 믿음은 세상을 이기는 믿음인데, 왜냐하면 그 믿음 안에, 즉 예수를 그리스도로 믿는 믿음 안에 세상을 이기는 승리가 약속되었고 보장되었기 때문입니다.

믿음의 원리와 본질상 그것은 이미 세상을 이기는 믿음입니다. 믿음은 그 결과와 열매를 통해 세상을 패퇴시킬 뿐만 아니라 처음부터 지금까지 이미 세상을 이기고 있었습니다. 예수님을 그리스도로 믿는 일은 생각할 수 있는 가장 단순한 일이며, 죄인 된

21　시편 118편 14-16절.

자녀가 순전히 은혜로 인하여, 천상의 지복과 영생과 하나님과의 평화를 누리는, 새롭고 살아있는 유일한 길입니다.

그러나 여기에는 그 믿음을 받아들이고 실천해야 할 엄청난 필요성이 제기됩니다. 이는 인간이 이 믿음을 자신에게 줄 수 없고 얻을 수도 없다는 사실을 부인하지 않습니다. 예수님이 그리스도라는 진리를 믿기 위해서는 우리 자신을 부인해야 하고, 우리 육체와 욕망을 십자가에 못 박고 우리의 모든 생각과 이해를 사로잡아 그리스도께 복종해야 하며, 우리의 모든 의를 더러운 넝마로 간주하고 우리가 모든 계명을 지키지 못하고 있다는 사실을 정죄하고, 피조물에 대한 모든 소망을 포기하며, 오직 전적으로 하나님의 공의만을 인정하며 그분의 은혜만을 간청해야 합니다. 이런 믿음을 반대하는 일들이 얼마나 많이 일어나는지요! 우리 안과 밖에서 모든 것이 이 믿음을 반대합니다. 우리의 이해와 마음, 의지와 정서, 우리의 혈과 육, 우리의 이름과 지위, 우리의 돈과 물건들, 우리의 지역과 사회, 우리 내부와 외부의 모든 세상이 그리고 그 무엇보다도 이 세상의 주인, 이 시대의 신인 사탄이 우리를 현혹합니다. 참되게 믿기 위해 우리는 세상에 못 박히고 세상도 우리를 향해 못 박혀야 합니다.

그러나 [믿음]은 또한 그 기원과 본질상 세상에 대한 승리입니다. 누구든지 예수님을 믿는 사람은 새 생명을 받았습니다. 그는 새로운 피조물이 되었습니다. 그는 어두움의 나라에서 하나님의 놀라운 빛의 나라로 부름 받았습니다. 그는 이제 더 이상 세상의 거민이 아니라 하나님과 그분의 영으로 말미암아 위로부터 난 사람입니다. 그의 시민권은 하늘에 있습니다. 그의 불의는 용서 받았습니다. 그의 연약은 치유되었습니다. 그의 생명은 저주에서 구원을 얻었습니다. 그에게는 사랑과 자비의 관이 씌워졌습니다. 누가 하나님께서 택하신 자들을 고발하겠습니까? 의롭다 하신 이는 바로 하나님이십니다.[22] 누가 정죄하겠습니까? 우리를 위해 죽으실 뿐 아니라 다시 사신 이는 그리스도 예수시니, 그분은 하나님 우편에 계신 분이며 참으로 우리를 위해 간구하시는 분이십니다. 누가 우리를 그리스도의 사랑에서 끊을 수 있겠습니까? 환난이나 곤고나 박해나 기근이나 적신이나 위험이나 칼이겠습니까? 그러나 이 모든 일에 우리를 사랑하시는 이로 말미암아 우리는 넉넉히 이깁니다.[23]

믿음으로 말미암아 신자는 먼저 세상의 폭정으로부터 자신을 분리시키지만, 더 나아가 선지자적이며 제사장적이며 왕적인 권세를 가지고 세상을 지배하게 됩니다. 예수님을 그리스도로 믿는 믿음은 엄숙한 정지 상태가 결코 아닙니다. 믿음은 고요함과 고립

---

22 로마서 8장 33절.

23 로마서 8장 34-35, 37절.

헤르만 바빙크의 설교론

으로 자신을 후퇴시키지 않습니다. 도리어 믿음은 생명과 능력이며 용맹함으로 세상을 향해 나아가게 만듭니다. 믿음은 그저 즐기는 것만이 아니라 역사합니다. 믿음은 무엇인가를 말하며 무엇인가를 행하게 만듭니다. 믿음은 증언하고 믿음은 구원합니다. 믿음은 말하고 활동합니다. 믿음은 말씀의 능력으로 공격합니다. 믿음은 성령의 나타남과 능력으로 세워집니다.[24] 믿는 사람은 그저 가만히 있을 수 없습니다. 믿음의 증인들은 세상의 한 가운데로 나가 예수님이 그리스도이심을 전해야 합니다. 그들은 그것이 비록 세상의 눈에 어리석어 보인다 할지라도 자신의 지혜를 전하지 않고 하늘로부터 온 지혜를 전합니다. 그들은 예수님께서 그리스도이심을 전하며 그 외에 그 이상, 그 이하의 다른 어떤 것도 전하지 않습니다. 금이나 권세나 폭력이나 명성이나 덕이나 과학이나 예술을 전하지 않고 오직 그리스도이신 예수님만을 전합니다. 오직 예수님만이 세상의 구주시며, 완전하시고 충분하신 구세주이십니다. 주 예수님 외에 그 옆이나 아래나 그 주변이나 그 어디에도, 다른 구세주는 없습니다.

바로 이런 증언을 통해 다시 한 번 믿음이 세상을 정복하는 힘이라는 것을 말할 수 있습니다. 왜냐하면 세상은 증언할 수 있는

---

24 고린도전서 2장 4절.

것이 아무것도 없기 때문입니다. 세상은 믿지 않으므로 증언할 수 없습니다. 세상은 말씀의 능력을 알지 못합니다. 교회가 세상을 향해 신앙의 고백을 증언하기만 하면, 세상은 비하와 강압과 학대와 압제의 무기를 꺼내듭니다. 이런 것들이 세상이 그리스도의 교회를 대항해 전쟁을 벌일 때 쓰는 무기입니다. 하지만 믿음은 증언 하나만으로도 강력합니다. 믿음은 명성을 따르지 않고, 분노하지 않으며, 다른 것을 추구하지도 않습니다. 믿음은 마지막 순간까지, 심지어 화형장에 보내진다 할지라도 신속하게, 확실하게, 흔들림 없이, 끊임없이 증언을 계속합니다. 믿음은 마치 파도의 한가운데 우뚝 서 있는 바위와 같습니다. 세상으로 하여금 그 무기의 달그락거리는 소리와 강력한 힘을 가지고 우리에게 오게 하십시오! 그 어떤 폭력과 강압도 그 어떤 죽음의 장작더미라 할지라도, 반석 위에 세워진 견고한 믿음을 이길 수 없습니다. 믿음은 압제 가운데서 영광을 돌립니다. 믿음은 패배 가운데에서 승리합니다. 믿음은 죽음으로부터 다시 살아납니다. 순교자들의 피는 바로 교회의 씨앗입니다.[25]

하지만 믿음은 단순히 증언만 하지 않습니다. 믿음은 또한 일

---

25 네덜란드 종교개혁의 맥락에서 이러한 감상에 대한 상세한 역사는 다음 작품을 참조하라. Carter Lindberg, "The Blood of the Martyrs: The Reformation in the Netherlands," in *The European Reformations* (Oxford: Wiley Blackwell, 2010), 282-292.

헤르만 바빙크의 설교론

하며 행동합니다. 믿음은 사랑을 통해 역사합니다. 믿음은 열매인 데 잘 익은 영광스럽고 아름다운 열매입니다. 누구든지 예수님께 서 그리스도이심을 믿는 자는 하나님의 사랑을 경험했고, 따라서 그에게 생명을 주신 분을 사랑합니다. 왜냐하면 사랑이 없이는 하 나님을 알지 못하며, 하나님은 사랑이시기 때문입니다.[26] 믿는 자 는 누구든지 하나님으로부터 나고 예수님의 이름을 믿는 사람들 을 사랑하는 사랑을 가지고 있습니다. 왜냐하면 우리는 사망에서 생명으로 옮겨져 우리 형제를 사랑하게 되었다는 것을 알기 때문 입니다. 자기 형제를 사랑하지 않는 자는 여전히 죽은 자와 같습 니다. 누구든지 예수님을 믿는 자는 하나님의 계명을 사랑합니다. 왜냐하면 바로 우리가 계명에 순종하는 것이 하나님을 사랑하는 것이기 때문입니다. 그의 계명은 무겁지 않으며 모두 사랑으로 성 취되기 때문입니다.

바로 이 사랑을 통해 믿음은 세상을 정복하는 힘이 됩니다. 세 상은 사랑의 비밀을 알지 못하기 때문에 예수님과 그의 아버지를 미워하고 그리스도께서 그의 아버지의 말씀을 주신 모든 사람들 을 미워합니다. 이유는 이들이 세상에 속하지 않았기 때문입니다. 하지만 그리스도의 교회는 교회의 주인 되신 주님의 명령과 요구

---

26 요한일서 4장 8절.

에 따라, 저주하는 자를 축복하고 미워하는 자를 향해 선을 행하며 폭력적으로 박해하는 자들을 위해 기도함으로 원수를 사랑할 때 더욱 강력해집니다. 사랑은 죽음보다 강하며 모든 두려움을 내쫓습니다. 사랑은 모든 것을 덮고 모든 것을 믿고 바라며 참아냅니다. 사랑은 영원합니다.

이런 모든 세상을 정복하는 믿음은 그 믿음 자체에서 나오는 것이 아니라 오직 그리스도에게서만 나옵니다. 그러므로 이 믿음은 궁극적으로 아버지의 기름 부음을 받으신 그리스도를 믿는 믿음이기에 세상을 이기는 완벽한 승리가 됩니다. 모든 것이 그리스도이신 예수님을 가리킵니다. 모든 것이 그에게 달려 있습니다. 예수 그리스도만이 믿음의 내용이요 대상입니다. 그리스도만이 믿음을 주시는 분이고 유지시키시는 분이며 온전케 하시는 분입니다. 믿음으로 우리는 그리스도께서, 오직 그분만이 홀로 세상을 정복하셨다고 단순히 고백합니다. 그리스도께서 정복하셨습니다. 심지어 주님은 죽으시기 **전에도** 제자들에게 이렇게 말씀하셨습니다. "세상에서 너희가 환난을 당하나 담대하라 내가 세상을 이기었노라."[27] 그리스도는 그분의 죽음이라는 고난을 통해 세상을 이기셨습니다. 그분은 죽음을 통해 승리하신 것입니다. 그리스

---

27   요한복음 16장 33절.

도는 십자가를 통해 정사와 권세자들을 이기셨습니다. 주님은 승리하시기 위해, 승리를 향해 나아가셨습니다. 이제 주님은 하늘의 하나님의 보좌 우편에서 진리의 허리띠와 의의 흉배, 믿음의 방패, 구원의 투구, 그리고 성령의 검으로 무장한 하늘의 은사와 능력으로 구비된 그의 군대인 교회의 믿음을 통하여 세상과 싸우십니다.[28] 마지막 날에 그리스도는 모든 대적들이 그의 발등상 아래 놓일 때까지 통치하실 것이기에 마침내 승리하실 것입니다. 이 세대의 마지막 날, 거의 세상에서 믿음을 찾아보기가 어려울 때 그리스도 자신께서 다시 오셔서 마지막 타격을 날리시고 모든 적들을 제압하실 것입니다. 바로 그 시간에 모든 무릎이 예수님 앞에 꿇어 절하며 모든 혀가 하나님 아버지의 영광을 위하여 그리스도께서 주님이심을 고백하게 될 것입니다.

28　에베소서 6장 14, 16-17절.

★————

형제자매 여러분! 이 믿음을 소유하고 계십니까? 여러분은 그 믿음이 그 안에 세상을 정복하는 기이하고도 놀라운 능력이 있음을 아십니까? 여러분은 신자라는 이름을 지녔습니다. 하지만 실제로 그렇게 불리고 있습니까? 바울은 고린도교회 교인들에게 이렇게 권면합니다. "너희는 믿음 안에 있는가 너희 자신을 시험하고 너희 자신을 확증하라 예수 그리스도께서 너희 안에 계신 줄을 너희가 스스로 알지 못하느냐 그렇지 않으면 너희는 버림받은 자니라"[29] 누가 실패자이며 불명예스러운 사람입니까? 세상과 평화롭게 살면서, 아직도 세상과 맞서 싸우려 하지 않는 사람입니다. 아버지를 사랑하는 그 사랑은 세상을 사랑하는 사람들 가운데 있지 않습니다. 세상과 벗된 사람은 누구든지 하나님의 원수라고 불립니다.[30]

세상과의 싸움은 참으로 무섭고 고된 일입니다. 이 싸움은 혈과 육에 대한 싸움이요 사상과 유혹에 맞서는 싸움입니다. 하지만 이 싸움은 선하고 고귀한 싸움입니다. 이 지구상에 사람들 간

---

29 고린도후서 13장 5절.

30 야고보서 4장 4절.

헤르만 바빙크의 설교론

에 나라들 간에 수많은 싸움들이 있습니다. 그 싸움들 중에 어떤 싸움은 모든 비참함과 애석함에도 불구하고, 고상하고 위대한 싸움으로 여겨야 합니다. 부인들과 아이들을 위한 싸움, 가정과 가족을 지키기 위한 싸움, 왕과 나라를 위한 싸움, 자유와 정의를 위한 싸움 등은 고상하고 위대한 싸움입니다. 우리 아버지 하나님의 싸움은 고귀하고 위대했습니다. 남아프리카 공화국의 싸움은 고귀하고 위대했습니다. 하나님께서 그들의 무기에 복주시고 완전한 승리에 곧 이르게 되기를 기도합니다. 하지만 이런 전쟁이 고귀하고 위대하다 할지라도, 그것은 하나의 정의 혹은 또 다른 거룩한 정의를 위한 싸움이었고 여전히 제한된 정의와 자유를 위한 싸움입니다.

하지만 여기 사람이 누릴 수 있는 가장 완전한 자유와 가장 높고 거룩한 선을 위한 더욱 정의로운 전쟁, 의가 그 원리이며 본질인 하나님의 정의를 위한 전쟁이 있습니다. 이 싸움은 사람이 싸울 수 있는 가장 고귀하고 아름다우며 가장 영광스러운 전투입니다. 이 싸움은 세상을 대항하는 싸움이며, 그 세상 안에 있는 모든 것, 우리 자신과 우리 재물과 소유물, 육신의 정욕과 안목의 정욕과 이생의 자랑을 대항하는 싸움입니다.[31]

---

31 요한일서 2장 16절.

그러나 이 싸움은 또한 우리 자신의 구원을 위한, 우리 영혼의 구원을 위한 싸움이며, 천국의 기업을 위한 싸움이자 의로우신 재판장이 선한 싸움을 싸우고 달려갈 길을 다 마친 이들에게 주실 의의 면류관을 위한 싸움이기도 합니다. 이 싸움은 의와 진리와 자유와 그리스도와 그의 나라를 위한 싸움이며 하나님의 이름과 그의 모든 덕의 영광을 위한 싸움입니다.

우리 모두 우리 주님의 권세와 믿음의 능력으로 이 싸움을 받고 시작하며 끝까지 인내하기를 소망합니다. 오직 예수님께서 그리스도이심을 믿는 믿음 이외에 우리를 강하게 하고 단련시키는 다른 무기는 없습니다. 우리에게는 아무런 힘도 없으며 하늘 아래 땅 위에 그 어떤 피조물에게도 없습니다. 그러나 마리아에게 나신 아들, 곧 성부의 독생하신 아들 예수님, 바로 그분이 유다의 혈통을 따라 오셔서 십자가로 세상을 정복하신 영웅이십니다! 우리 모두 그분의 역사에 동참하고 그분의 승리 안에서 안식하며 그분이 이루신 공로를 얻게 됩니다.

그렇다면, 세상을 정복하는 이 승리가 우리의 믿음이기에 승리는 우리의 것입니다. 이 세상에서의 많은 전쟁들이 자유와 정의를 위해 올바르게 수행된다 할지라도 패배로 끝났습니다. 하지만 여기 승리가 보장된 전쟁이 있습니다. 그리스도, 하나님의 보좌 우편까지 높아지신 그리스도께서 이 승리의 보증이십니다. 그리스도는 하나님의 거룩한 산에서 기름 부음 받으신 분이십니다.

헤르만 바빙크의 설교론

나라들이 그리스도의 기업이며, 모든 땅 끝이 그리스도의 소유입니다. 후에 그리스도께서는 하나님을 모르고 우리 주 예수 그리스도의 복음에 순종하지 않는 자들을 향하여 무시무시한 형벌을 내리기 위해 불꽃 가운데 다시 나타나실 것입니다.[32] 동시에 모든 성도들에게 영광을 받으시고 그를 믿었던 모든 이들로부터는 경탄을 받으실 것입니다.[33] 그러니 주 예수여 오시옵소서! 속히 오시옵소서!

아멘!

---

32 데살로니가후서 1장 8절.

33 데살로니가후서 1장 10절.

미국의 설교에 관하여

미국의 설교에 관하여[1]

종교적 생활에 관하여, [미국의 도덕적 낙관적 이원론적 문화, 경험이 이끄는 문화]가 엄청난 피상성을 초래한다는 것은 의심의 여지가 없어 보입니다. 죄와 은혜의 대조는 심히 약화되었습니다. 거듭남과 성령님의 사역은 그저 주변부로 밀려났습니다. 설교는 대부분 도덕만 다룰 뿐입니다. 선택과 칭의와 같은 전체 신앙적 요소는 부족하거나 아예 다 사라져버렸습니다.

설교는 하나님의 말씀의 비밀을 펼치는 사역입니다. 하지만 오늘날 설교는 연설이 되었고 성경 본문은 그저 낚싯바늘과 같을 뿐

---

1 다음과 같은 헤르만 바빙크의 작품에서 발췌함. "Mijne reis naar Amerika" (바빙크의 미출간된 다음의 원고. H. Bavinck Archive, no. 346, box 64). 이 책은 후일 다음과 같은 제목으로 출간되었다. *Mijne reis naar Amerika*, ed. George Harinck (Barneveld: Uitgeverij Vuurbaak, 1998). 이 책의 영문판은 다음과 같은 제목으로 번역 출간되었다. "My Journey to America," ed. George Harinck, trans. James Eglinton, *Dutch Crossing: Journal of Low Countries Studies* 41:2 (2017): 180-193.

입니다. 전반적으로 볼 때, 신앙생활은 우리 자신의 것과 전혀 다른 성격을 지니고 있습니다. 종교가 사람들을 지배하지 못합니다. 도리어 사람들이 종교를 지배합니다. 마치 그들이 예술과 학문을 통달하듯이 말입니다. 이제 종교는 오락과 즐거움의 문제가 되어 버렸습니다. 교회 건물이 이것을 분명하게 보여줍니다. 교회 건물들이 우리들의 건물보다 훨씬 더 좋은 어떤 것이 되어 버렸습니다. 교회 건물은 안락하고(gezellig), 친구를 사귀기에 좋으며, 언제든 환영하고, 겨울에도 따뜻한 곳이 되었지만, 강단은 없습니다. 더욱이 단 한 번의 구조 변경 없이 극장으로 사용이 가능합니다. 색상은 밝고 바닥에는 레드 카페트가 깔려 있고 밝고 활기차며 깨끗하고 신선합니다. 명백하게도 유럽의 교회당들에서 발견되는 엄숙하고 진지하며 무겁고 품위 있는 특징들과는 정반대입니다.

교회당처럼 오늘날의 신앙 역시 마찬가지입니다. 신앙에는 오락이 들어왔습니다. 오늘날 설교자는 파커(Parker)와[2] 팬크허스트(Pankhurst)와[3] 탈미지[4] 목사들처럼 매우 흥미진진한 방식으로 짧고 다양하고 생동감 넘치며 극적인 방법으로 어떻게 말할지

---

2   조엘 파커(Joel Parker: 1799-1873)는 장로교 목사이며, 뉴욕의 유명한 부흥설교가이다.

3   찰스 헨리 팬크허스트(Charles Henry Pankhurst: 1842-1933)는 장로교 목사이며 사회 개혁가이다. 팬크허스트는 1892년 뉴욕 경찰의 부패를 대항하는 설교를 한 것으로 유명해졌다.

4   토머스 드 위트 탈미지(Thomas De Witt Talmage: 1832-1902)는 뉴욕의 저명한 장로교 목사이다.

를 잘 아는 가장 인기 있고 수요가 넘치는 인물입니다. 활기차지만 가볍고 즐거우며 유머로 양념을 했습니다. 설교는 노래와 합창과 독창과 성악과 기악 사이에 배치되었습니다. 이런 방식으로 "교회"라는 개념이 거의 완전히 상실되었습니다. 교회는 그저 종교적인 사회에 지나지 않게 되었습니다. 출생과 사망을 통한 회원권은 포함시키지 않습니다. 주의 만찬에 참여하는 숫자만 계산됩니다. "교회"라는 개념이 완전히 사라질 정도로 수많은 종파들과 교회의 연합체들이 있습니다. 하지만 거기에 교회는 존재하지 않습니다. 그곳에 설립된 교회는 없습니다. 모든 것[교회들]이 동등합니다. 바로 이런 교회의 지형 속에서 개인주의가 지배하고 있습니다.

하지만 이에 반대해서 어떤 이는 "미국인의 신앙생활에는 깊이가 없는 대신 넓이가 있다"고 말할 것입니다. 여기서 우리가 보고 있는 것처럼 믿음과 불신앙의 차이는 알려지지 않습니다. (우리는 그 원칙을 잊어버리는 원리에 놀랍도록 [집중]해 왔습니다.) 실제로 불신자가 있지만 그들은 조직적이지 않고 그들이 지지하는 정당 안에서 자신을 스스로 알리지도 않습니다. 민주당과 공화당은 전적으로 신앙과 불신앙 밖의 문제들만 다루고 있습니다. 이 전투에서 근본적이며 악의적인 [요소]는 결여되어 있습니다. 그들은 상대방의 구원이나 천국 문제를 부인하지 않습니다. 우리는 반-혁명당을 반대하는 일(카이퍼 박사[5]를 반대하는)이나 흐룬[6]과 자유 기독교 학교를 반대하는 일은 즉시 하나님과 그리스도와 성경을 반대하는 일로 취급합니다. 하지만 미국에서는 전혀 그렇지 않습니다. 미국의 그리스도인들 가운데는 공화당원이 있고 민주당원이 있습니다. 공립학교를 찬성하는 사람이 있고 반대하는 사람이 있습니다. 자유무역을 지지하는 사람이 있고 반대하는 사람도 있습니다. 이 모든 것들이 "그리스도인"의 겉면에 있는 것입니다. 기독교적 [접근법]은 어느 정도 이원론적인 방식으로(신학은 대학에서 가르치지 않고 과학은 믿음과 분리되어 있습니다) 이 세상의 다른 모든 영역들과 나란히 존재하는 어떤 것입니다. 이 모든 것들이 다소간 차이는 있지만 어느 정도 기독교 신앙의 영향을 받으며 형성됩니다. 국가는 여전히 모호하게 기독교적입니다. 공립학교에서 기도는 관습적으로 시행되며 성경 읽기도 시행됩니다. 안식일인 주일과 각종 축제일은 전국적으로 기념되며, 분주한 여러 도시에서도 준수됩니다. 기도와 감사의 날들을 정부가 발표합니다. 10월 9일부터 12일까지 즐기는 콜럼버스 축하 행

---

5 아브라함 카이퍼(Abraham Kuyper: 1837-1920)는 반-혁명당의 지도자였으며 암스테르담 자유대학교(the Vrije Universiteit)의 설립자이자 개혁파 목사이다.

6 귀욤 흐룬 판 프린스터러(Guillaume Groen van Prinsterer: 1801-1876)은 법학자이자 고전 연구가이자 정치인이자 언론인이었다. 흐룬은 네덜란드의 반 혁명당 운동의 아버지이다.

사는 감사의 표현과 함께 교회에서 열립니다. [프랑스] 혁명의 원리를 체계적으로 엄밀히 따르며 믿음을 반대하기 위해 싸우는 자유당은 없습니다. 정통 [그리스도인]은 버림받은 사람이고 외부인이며 계몽되지 않은 자이지만, 미국에서는 그렇지 않습니다. 거리에서의 복음 전도 설교는 깊은 침묵 속에서 거의 들리지 않습니다. 그곳에서는 여기에서 비일비재한 잡동사니와 같은 것에 대한 조롱이나 조소는 생각하지도 않는 것 같습니다. 토론토의 장로교 연맹의 대표단은[7] 특별한 대우를 받았을 뿐만 아니라 시장과 주지사가 주최하는 모임에 참석했습니다. 교회 및 신앙적 문제에 대한 관심은 매우 예외적인 대접을 받습니다. 주일학교와 국내 해외 선교와 하나님의 왕국을 위한 모든 종류의 사역은 여기 우리나라에서는 일어난 적이 없는 수준의 관심을 누리고 있습니다. 이런 사역들은 그들의 마음과 입술에서 생생하게 살아 있습니다. 연맹회의에는 8일 동안 수많은 사람들이 참석했습니다. 선교적인 문제가 다루어 질 때면 설교자들은 두 곳의 교회에서 강연해야 했습니다. 여선교회 연합회에 무려 1200여명의 여성들이 참석하기도 했습니다. 부유한 그들의 아들 가운데 한 명이 선교사가 된다면 그것은 가족들에게 매우 영예로운 일이었습니다. 남녀청년들

---

7 북미를 방문했던 바빙크는 캐나다로도 여행했다.

헤르만 바빙크의 설교론

도 선교에 뜨거운 관심을 기울였습니다. 현재 소규모로 시작된 청년 면려회 연합회(Christian Endeavor Society)는 전 세계의 영어권 국가에 퍼져 있고 이 면려회의 회원이 되려면 반드시 항상 어디서나 그리스도인이어야 하고 면려회가 조직하는 기도회에 참석해야 합니다. 영어권 세상은 이방인들을 위해 살고 있으며 그 나라의 선교사들과 깊이 공감하며 살아갑니다. 그들은 전 이방 세계를 마음에 두고 삽니다. 이점에 있어서 아르미니우스주의자들과 감리교도들의 헌신도 예외는 아닙니다. 여기에는 물론 말도 안 되는 많은 문제들이 있습니다. 하지만 우리는 단순히 모든 것을 판단하기보다 그 안에 있는 선을 찾고 그것을 본받는 편이 훨씬 나을 것입니다. 특별히 학생들의 도덕성은 유럽의 대학생들보다 훨씬 더 뛰어납니다. 신앙 형성의 전체 원리와도 부합됩니다. 대학들은 대도시가 아니라 작고 한적한 장소에 위치해 있습니다. 그들은 학문적인 집단을 형성합니다. 학생들은 하나 이상의 엄청난 건물에서 모두 훌륭한 지도를 받으며 살고 있습니다. 모든 학교에 예배당이 있습니다. 이곳에서 매일의 집회와 기도회와 성경 읽기와 찬양과 기도와 짧은 강연들이 진행됩니다. 그들은 주인이 아니라 학생으로 대우받고 있으며 특별히 실제적인 지식을 전수받고 있습니다. 종교적이며 도덕적인 감수성이 배양됩니다. 술취함과 성적 타락은 찾아볼 수 없습니다. 생활 방식은 순수하고 건전합니다.

선하고 좋은 점을 많이 발견했기에 비판은 줄어들 것입니다.

미국의 기독교가 그 자신의 계명을 따라 더욱 성장하기를 원합니다. 하나님께서는 미국이라는 나라에 높고 위대한 부르심을 맡기셨습니다. 이를 위해 [미국이] 그 길로 더욱 분투하기를 기도합니다. 결국 칼빈주의만이 유일한 진리는 아닙니다!

부록 : 언어에 관하여

부록 : 언어에 관하여[1]

의식적인 영적 삶의 특권이라는 것은 오직 자아 자체만 접근할 수 있는 것입니다. 사람의 생각을 사람의 속에 있는 영 외에 누가 알 겠습니까?(고전 2:11) 자아라는 것은 다른 사람에게는 닫혀 있는 세계입니다. 오직 하나님 외에 그 누구도 사람의 의지의 허락 없이 또는 그에 반하여 [자아] 의식으로 진입할 수 없습니다(시 139:2). 자기 자신을 다른 이에게 알리며 그의 내밀하고 감추어진 삶을 그들에게 나타내기 위해서 인간이란 존재는 내밀한 중심이 필요 합니다. 그런데 영혼의 내밀한 삶의 계시는 다른 상징을 통해 다른 방식으로 발생할 수 있습니다. 일반적으로 그리고 광의적 의미 에서 볼 때, 언어는 사람이 자신의 생각을 드러내는 상징으로 가

---

1 이 글은 본래 바빙크의 다음 작품의 한 부분에서 가져왔다. "De taal," in Herman Bavinck, *Beginselen der psychologie* (Kampen: J. H. Bos, 1897), 120-25. 이 글이 직접적으로 설교에 관하여 다루고 있지는 않지만 바빙크의 **웅변술**에 대한 보충적 독서 자료로 유익하다.

헤르만 바빙크의 설교론

득합니다. 따라서 이런 의미에서 많은 종류의 언어가 있다는 것은 많은 종류의 상징과 기호가 있다는 것을 의미합니다. 우선 음악의 악기와 깃발과 조명과 횃불이라는 신호 언어가 있습니다. 색깔과 꽃들의 언어가 있습니다. 생김새와 몸짓의 언어, 근육과 힘줄의 움직임, 종종 전적으로 무작위로 움직이는 신체의 부분들, 영혼의 내면적 삶을 이끌고 그것을 보여주는 정서와 욕구의 언어가 있습니다. 그리고 마지막으로 직접 우리의 귀에 들려서 명료하게 될 수도 있고 그렇지 못할 수도 있는 소리의 언어가 있습니다. 울부짖는 소리와 같은 분명히 발음되지 않은 언어는 특히 동물과 관련이 있습니다. 동물은 독특한 의식, 기억, 인식 능력을 지니고 있습니다. 그러나 그들의 표현은 여전히 구체적이며 분열적이며 개별적입니다. 동물들은 추상적 개념이나 일반적 개념을 생각해 낼 수 없습니다. 따라서 그들은 이런 일반적 개념을 위한 상징을 찾을 수 없습니다. 말하자면 동물들은 일반적 개념을 말로 또는 이름으로 표현하거나 부르지 못합니다. 언어는 동물과 인간 사이의 루비콘 강과도 같습니다.[2]

---

2   Max Müller, *Vorlesungen über die Wissenschaft der Sprache*, I Serie, 3rd ed. (Leipzig: J. Klinkhardt, 1875), S. 16, 416, 421. 이에 대해서는 또한 바빙크의 다음 작품을 참조하라. Herman Bavinck, *Reformed Dogmatics: Prolegomena*, ed. John Bolt, trans. John Vriend (Grand Rapids: Baker Academic, 2003), 377.

좀 더 협의적 의미에서 언어는 분명히 발음된 소리를 통한 생각의 자유로운 표현입니다. 언어는 더 높은 지식의 능력과 이성적이고 이지적인 인간의 본성을 전제합니다. 그렇습니다. 언어는 인간 정신의 모든 종류의 다양한 활동들입니다. 언어는 감각과 감명을 받고 이것들을 통해 영향을 받는 능력을 전제합니다. 언어는 우리의 표현을 보존하는 기억과 우리의 생각을 현실화시키는 상상력, 그리고 우리가 추상적인 개념을 형성하는 이해와 그 밖에 많은 것을 전제합니다. 사유(이성)와 언어에는 밀접한 연관성이 있습니다. 어떤 이들은 사고와 말하기가 하나이며 동일한 것이라고 주장하기까지 합니다. 소위 전통주의자들인 드 보날드(de Bonald)[3], 라므내(Lamennais)[4], 그리고 보탱(Bautain)[5]은 각 개인이 스스로 고상한 진리를 찾을 수 없다고 판단합니다. 고상한 진리는 외부적으로 공유될 수 있으며 반드시 말을 통해 그렇게 되어야 한다고 말합니다. 사람은 먼저 말을 듣고 그 후에 생각을 받게

---

3   루이 가브리엘 앙브루아즈, 비콩 드 보날드(Louis Gabriel Ambroise, Vicomte de Bonald: 1754-1840)는 전통학교 출신의 프랑스 반-혁명당의 작가이다. 드 보날드는 "사람은 자신의 생각을 말하기 전에 먼저 그 언어를 생각한다"("L'homme pense sa parole avant de parler sa pensée")고 주장했다.

4   위그-펠리시테 로베르 드 라므내(Hugues-Félicité Robert de Lamennais: 1782-1854)는 프랑스 가톨릭 수사이자 철학가이다.

5   루이 유진 마리 보탱(Louis Eugène Marie Bautain: 1796-1867)은 프랑스 신학자이자 철학자이다.

헤르만 바빙크의 설교론

됩니다. 같은 방식으로 어린 아이는 선천적인 지식이 없으며 언어를 창조하지도 못합니다. 오히려 어린 아이는 아담이 하나님으로부터 오는 언어와 계시를 받기 위해 하나님의 말씀을 들었던 것처럼 부모에게서 언어를 배우고 이 언어를 통해 생각과 진리를 받게 됩니다. 언어는 진리의 전달자이며, 인류의 위대하고 영광스러운 전통입니다.[6]

좀 더 최근에는 비록 다른 형식과 이유로 인해 생각과 말하기가 하나라는 것이 철학자들 사이에서 수용되었습니다. 생각이 그 자체로 말하기이며, 말하기는 소리 내어 생각하기입니다. 많은 사람들이 생각할 때 그것을 소리 내어 말합니다. 생각하기와 말하기, 이성과 언어는 서로 불가분의 관계에 있습니다. 이것들은 서로 동일한데 마치 동전의 양면과 같습니다. 단어가 없는 개념이 존재하지 않듯이 개념이 없는 단어 역시 존재하지 않습니다. 언어가 없이 생각을 한다는 것은 불가능합니다. 논리적으로 단어는 생각에 관한 것이고 언어는 생각하기 이전에 옵니다. 언어는 인간을 사유하는 존재로 만드는 주요한 중심 요소였습니다.[7]

하지만 생각하기와 말하기, 이성과 언어, 개념과 단어의 융합

---

6 Albert Stöckl, *Lehrbuch der Philosophie*, 6th ed. I (Mainz: F. Kirchheim, 1887), S. 406; Paul Janet, *Traité élémentaire de philosophie: à l'usage des classes* (Paris: Delagrave, 1889).

7 Max Müller, *Das Denken im Lichte der Sprache* (Leipzig: Engelmann, 1888), S. 70-115.

에 대해서는 많은 반대가 있습니다. 의심의 여지없이 이 둘 사이에는 긴밀한 연관성이 있습니다만 연관성이 동일성은 아닙니다. 청각 장애인과 말을 못하는 장애인은 단어 없이도 개념과 사상을 소유합니다. 비록 그들이 이러한 개념과 사상을 다른 이로부터 받았고 이것들을 상징으로 반복하기는 하지만, 단어와 개념 사이의 연관성이 그러한 불가분의 관계에 있는 것은 아닙니다. 또한 생각하기와 말하기가 하나라면 전자는 후자 없이 존재하지 못할 것이며 따라서 수많은 언어들의 출현을 설명할 수 없게 될 것입니다. 말하는 능력은 실제로 선천적이지만 언어는 그렇지 않습니다. 우리는 사물들을 알게 되고 나중에 다른 단어와 언어들로 그것을 표현합니다. 생각과 개념은 동일하지만 여전히 단어는 동일하지 않습니다. 심지어 단어는 완전히 잊어버릴 수도 있지만 생각은 보존되고 또 다른 상징으로 표현될 수 있습니다. 숫자 다섯은[예를 들면] 다섯 개의 손가락으로 표현될 수 있습니다. 더욱이 우리는 모두 우리 안에 있는 생각이 단어 없이 존재할 수 있다는 것을 경험으로 알고 있습니다. 표현되는 사물과 그 기호가 항상 동일한 것은 아닙니다. 우리는 종종 표현과 개념과 생각을 가지고 있습니다. 그리고 우리는 단어를 찾습니다. 만일 단어가 결핍되어 있으면 생각을 분명하고 명확하게 기억해내기가 어렵다고 말하곤 합니다. 단어가 생각을 지지하고 명확하게 한다는 것과 사람은 그가 더 잘 아는 만큼 더 잘 말할 수 있다는 것은 사실입니다. 그럼에도

헤르만 바빙크의 설교론

불구하고 아우구스티누스는, 인간이 그가 모르는 것을 말할 수는 없지만, 말로 표현할 수는 없어도 무언가를 알 수는 있다고 정확하게 말합니다. 우리의 생각하기는 종종 문제의 뒤에 남아 있고, 우리의 말하기는 우리의 생각보다 여전히 더 뒤에 남아 있습니다.[8]

그리고 마지막으로 생각하기와 말하기 사이의 자연스러운 연결은 의심의 여지 없이 언어가 인위적으로 고안되어 약속과 계약에 의해 존재한다는 주장을 배격합니다. 음악의 음표들과 속기록의 상징들 같이 어떤 이름들과 전문 용어들은 그렇게 간주할 수 있으며, 청각장애인들, 말 못하는 사람들의 손과 움직임들은 임의대로 선택된 것들입니다. 그러나 언어 그 자체는 임의성이나 협약 또는 계약의 산물이 아닙니다. 예를 들면, 폴라퓌크(Volapük)[9]처럼 이런 방식으로 개발된 언어는 인간의 생각에 뿌리를 두지

---

8 이를 다음 작품과 비교해보라. Theodor Gangauf, *Des h. Augustinus speculative Lehre von Gott dem Dreieinigen* (Augsburg: Schmidt, 1883), S. 138-140. 나아가 생각하기와 말하기 사이의 연관성에 대해서는 다음 작품을 참조하라. Benno Erdmann, *Die psychol. Grundlagen der Beziehung zw. Sprechen und Denken*. Archiv für systemat. Philos. herausg. Von Natorp. Neue Folge der Philos. Monatshefte II (1896), S. 355-356 (1897), S. 31-32, 150-51, Friedrich Jodl, *Lehrbuch der Psychologie* (Stuttgart: J. G. Cotta'sche Buchhandlung Nach- folger GmbH., 1903), 564-565.

9 폴라퓌크는 1879-1880년에 하나님께서 자신에게 국제어를 만들라고 가르침을 주셨다고 주장한 독일의 로마 가톨릭 사제인 요한 마틴 슐라이어(Johann Martin Schleyer)가 만든 보조어로서의 인공어이다. 현재 이 언어를 사용하는 화자가 약 20여명 된다고 한다. 이에 대해서는 다음을 참조하라. Johann Martin Schleyer, Alfred Kirchhoff, Klas August Linderfelt, *Volapük: Easy Method of Acquiring the Universal Language* (C. N. Caspar, 1888).

않을 것입니다. 이런 언어는 생명과 시로부터 끊어졌으며 시작부터 끝난 것과 다름없습니다. 참으로 살아있는 언어는 대량생산품(Machwerk)[10]이 아닙니다. 언어는 마음에서 우러난 자유로운 사고의 표현입니다. 언어는 인류의 고귀성의 표식이며 [인간] 이성의 증거이자 인장입니다. 그럼에도 불구하고 다른 한편으로 생각과 단어의 관계는 거리가 너무 가깝지 않아서 특정한 소리가 물리적으로 요구되며 특정한 생각의 표현만 가능하게 됩니다. 언어는 계약에 의해 발생한 것이 아니고 인간 의지의 산물도 아닙니다. 언어는 식물과 같이 자라다가 시들어버리는 자연적 산물도 아닙니다. 언어는 생각에서 나오며 따라서 본질적으로 논리적이며, 물리적이지 않습니다. 언어는 만들어지지 않았으며 나무처럼 자라지도 않습니다. 언어는 예술가의 영혼에서 태어나는 예술 작품처럼 탄생하는 것입니다. 따라서 언어가 의존하는 다양한 종류의 생리학적 조건이 있지만 그럼에도 언어 그 자체는 자연의 법과는 다른 법의 적용을 받습니다. 언어는 그 자체의 본성과 특징을 지닙니다.

---

10 여기서 바빙크는 독일어 용어인 "Machwerk"를 사용하는데 이에 직접적으로 상응하는 네덜란드어(또는 영어도)는 없다. 이 단어는 인공적으로 생산된 것으로서 품질이 결여된 대량의 물건들을 가리킨다.

헤르만 바빙크의 설교론

언어가 함유하고 있는 특수한 성질에는 언어의 기원에 관한 세부사항이 포함되어 있습니다. 이전 세기의 로크(Locke)[11]와 아담 스미스(Adam Smith)[12]와 다른 많은 이들과 같이, 언어가 합의에 의해 존재했었다는 견해가 풍미를 누린 시대가 있었으나, 현재는 아무도 이 견해를 대표하는 사람이 없습니다. 헤르더(Herder)[13]와 슈타인탈(Steinthal)[14]에 의해 주창된 언어의 변칙적 추론(the "Bauwau" theory)은 각 언어의 변칙적 단어가 매우 적고 게다가 유익하지도 않다는 반대에 직면하게 됩니다. 콩디야크(Condillac)의 감성설 이론(파파 이론: the "Pah-pah" theory) 역시 감탄이 멈출 때 언어가 시작된다는 동일한 이유로 받아들일 수 없습니다.[15] 다윈주의는 자연적 외침으로부터의 언어의 발전을 인정하고, 생각에 근거한 언어가 아니라 언어로부터 나오는 사고를 주장합니다.

하지만 이를 반대할 많은 이유가 있습니다. 자연적 외침은 여

---

11 존 로크(John Locke: 1632-1704)는 일반적으로 고전적 자유주의의 대부로 불리는 영국의 철학자이다.

12 아담 스미스(Adam Smith: 1723-1790)는 스코틀랜드의 도덕 철학자이다.

13 요한 고트프리트 폰 헤르더(Johann Gottfried von Herder: 1744-1803)는 독일의 철학자이다. 헤르더는 언어가 결정된 생각이라고 주장한다.

14 헤어만 슈타인탈(Hermann Steinthal: 1823-1899)은 독일의 철학자이다.

15 에티엔 보노 드 콩디야크(Étienne Bonnot de Condillac: 1714-1780)는 프랑스의 철학자이다.

전히 언어가 아니며 어떤 언어로도 이어질 수 없습니다. 인간이란 존재는 언어를 통해 인간이 되는 것이 아니라 언어를 형성하기 위해 이미 인간이 된 존재이어야만 합니다. 게다가 비교언어학은, 언어를 추적할 수 있는 근본적인 뿌리가 변칙이나 감성적 이론이나 자연적 외침이나 구상적 이름들이 아니라 관념이라는 것을 가르쳐주고 있습니다. 일반적인 것이 먼저 오고 그 후에 구체적인 것들이 그 이름을 따라 명명되는 것입니다. 그들의 특징에 따라 사물에 이름을 붙이는 것이 인류의 특징입니다.[16] 인간이란 존재는 언어에 관심이 있습니다. 어쨌든 생각하는 일은 논리적 순서로 볼 때 말하기 이전에 옵니다.

종교와 경건이 절대적 시작을 지시하는 것처럼 이런 방식으로 자연 역시 언어를 가리킵니다. 인간이란 존재는 심지어 단 1초의 시간이라도 언어 없이 생각할 수 없습니다. 언어는 이미 인간에게 전제되어 있습니다. 그러므로 첫 인간은 결코 동물에게서 기원될 수 없습니다. 만일 그러했다면 최초의 인간은 존재하지 않았을 것입니다.[17] 그랬다면, 그는 초자연적인 도움 없이는 단 하루도 살 수 없었을 것이기 때문에 무력하고 자유롭지 못한 어린 아이로 간주

---

16 Max Müller, *Vorlesungen über die Wissenschaft der Sprache* I, 425-426.

17 이 문장이 의미하는 바는 만일 최초의 인간이 동물에게서 나왔다면 그는 사람이 되기보다는 여전히 동물로 남아있었을 것이라는 뜻이다.

헤르만 바빙크의 설교론

되었을 것입니다.

따라서 최초의 인간은 반드시 성경에 따라 지식과 생각의 힘을 갖춘 성인의 형태로 지음 받은 존재로 간주되어야 합니다. 전통주의자들이 그렇게 제한하는 것처럼 하나님은 언어를 이 사람과 외부적으로만 그리고 기계적으로만 공유하지 않으셨습니다. 하나님의 형상대로 지음을 받은 이 인간 내부에는 즉시 하나님을 섬기고 그의 계명을 지키며 사물을 인지하고 그것들을 그 특징에 맞게 이름까지 지어주는 능력들과 습관들이 놓여 있었습니다.

오늘날 왜 특정한 개념이 특정한 소리로 표현되었는지 확실히 말할 수 있는 사람은 아무도 없습니다. 막스 뮐러(Max Müller)는 각 물체가 자신의 소리를 낸다고 믿습니다. 예를 들면, 금은 구리와는 다른 소리를 냅니다. 마찬가지로 깨어나서 이런 영향을(다른 많은 것들과 함께) 받은 인간 역시 그 자신만의 방식으로 반응해야 했고 대답해야 했다는 것입니다("딩동" 이론). 하지만 언어의 출현은 그런 방식으로 완벽하고 본능적으로 발생한 것이 아닙니다. 언어는 순전히 이런 반작용적인 운동에 근거해서 주장될 수 없습니다. 언어의 기원적 뿌리는 모두 다 관념이며 생각과 대화와 대답하는 일을 가리키고 있습니다.

언어는 자연[φυσις]이 아닌 말[λογῳ]로 존재하게 되었습니다. 궁극적으로 언어는 정신과 물질과 영혼과 몸을, 주체와 객체를 모두 창조하신 그리고 생각과 언어, 개념과 단어와 그 연관성 모두를 만드신 그 로고스(말씀) 안에서만 안식을 얻을 수 있습니다.[18]

---

18 언어의 기원에 대해서는 다음 작품과 비교해보라. Max Müller, *Vorlesungen über die Wissenschaft der Sprache* I, 408-468; and Alexander Giesswein, *Die Hauptprobleme der Sprachwissenschaft* (Freiburg: Herder, 1892), S. 140-141.

헤르만 바빙크의 설교론

참고문헌

참고문헌

Bavinck, Herman. *Beginselen der psychologie*. Kampen: J. H. Bos, 1897.

_____. *Bilderdijk als denker en dichter*. Kampen: J. H. Kok, 1906.

_____. *Dagboek*, 1874. H. Bavinck Archive, no. 346, folder 16. Amsterdam: Historische Documentatiecentrum.

_____. "De Predikdienst." In *De Vrije Kerk* no. 1, IX (January 1883): 32–43.

_____. *De Welsprekendheid: Eene Lezing*. Kampen: G. Ph. Zalsman, 1901.

_____. *De Wereldverwinnende Kracht des Geloofs: Leerrede over 1 Joh. 5:4b, uitgesproken in de Burgwalkerk te Kampen den 30sten Juni 1901*. Kampen: Ph. Zalsman, 1901.

_____. *Ex animo et corpore. H. Bavinck, Theol. Stud.*, 1874. H. Bavinck Archive, no. 346, folder 16. Amsterdam: Historische Documentatiecentrum.

_____. *Mijne reis naar Amerika*. Edited by George Harinck. Barneveld: Uitgeverij Vuurbaak, 1998.

_____. "My Journey to America." Edited by George Harinck. Translated by James Eglinton. *Dutch Crossing: Journal of Low Countries Studies* 41:2 (2017): 180–93.

_____. "Of Beauty and Aesthetics." In *Essays on Religion, Science, and Society*, 245–60, edited by John Bolt, translated by Harry Boonstra and Gerrit Sheeres. Grand Rapids: Baker, 2008.

_____. *Philosophy of Revelation*. New York: Longmans, Green, and Co., 1909.

_____. *Reformed Dogmatics*. Edited by John Bolt. Translated by John Vriend. 4 vols. Grand Rapids: Baker, 2003–2008.

Bavinck, Jan. *Davids bede in den ouderdom. Eene overdenking bij gelegenheid van zijne vijftigjarige bediening van het Woord Gods.* Kampen: Ph. Zalsman, 1898.

_____. *De algeheele heiliging van de geloovigen, de wensch van de dienaar des Evangelies.* Afscheidswoord uitgesproken den 25 Januari 1903. Kampen: J. H. Kok, 1903.

_____. *De zaligheid alleen in den naam van Jezus. Rede ter herdenking van veertigjarige evangelie bediening, uitgesproken 30 September 1888.* Kampen: J. H. Bos, 1888.

_____. *Een korte schets van mijn leven* (typoscript), 1906. H. Bav inck Archive, no. 346, folder 444. Amsterdam: Historische Documentatiecentrum.

_____. *Feeststoffen* (voor het Kerstfeest en voor het Oud- en Nieuwjaar). Kampen: G. Ph. Zalsman, 1900.

_____. *Feeststoffen* (voor het Paaschfeest). Kampen: G. Ph. Zalsman, 1901.

Beets, Nicolaas. *De Gedichten van Nicholaas Beets.* Gent: H. Hoste, 1848.

Bilderdijk, Willem. *De Dieren: Dichtstuk.* Amsterdam: P. den Hengst en Zoon, 1817.

_____. *Krekelzangen.* Eerste Deel. Rotterdam: J. Immerzeel Junior, 1822.

Bolt, John. *Bavinck on the Christian Life: Following Jesus in Faithful Service.* Wheaton: Crossway, 2015.

Bowring, John. *Sketch of the Language and Literature of Holland.* Amsterdam: Diederichs Brothers, 1829.

Bremmer, R. *Herman Bavinck en zijn tijdgenoten.* Kampen: Kok, 1966.

Calvin, John. *Lettres françaises.* Edited by J. Bonnet. 2 vols. Paris:

Mayrueis, 1854.

de Bruijn, Jan, and George Harinck, eds. *Een Leidse vriendschap*. Baarn: Ten Have, 1999.

Donner, J. H. *Afgewezen, maar niet teleurgesteld: Toespraak naar 1 Koningen 8:17–19a*. Kampen: G. Ph. Zalsman, 1873.

———. *Lichtstralen van den kandelaar des woords*. Leiden: D. Donner, 1883.

Eglinton, James. *Trinity and Organism: Towards a New Reading of Herman Bavinck's Organic Motif*. London: T&T Clark / Bloomsbury, 2012.

Erdmann, Benno. *Die psychol. Grundlagen der Beziehung zw. Sprechen und Denken*. Archiv für systemat. Philos. herausg. Von Natorp. Neue Folge der Philos. Monatshefte II, 1896.

Gangauf, Theodor. *Des h. Augustinus speculative Lehre von Gott dem Dreieinigen*. Augsburg: Schmidt, 1883.

Giesswein, Alexander. *Die Hauptprobleme der Sprachwissenschaft*. Freiburg: Herder, 1892.

Harinck, George. " 'Something That Must Remain, If the Truth Is to Be Sweet and Precious to Us': The Reformed Spirituality of Herman Bavinck." *Calvin Theological Journal* 38 (2003): 248–62.

Hartog, Jan. *Geschiedenis der Predikkunde en de evangelieprediking: in de protestantsche kerk van Nederland*. *Amsterdam*: Frederik Muller, 1861.

Hedge, Frederic Henry. *Prose Writers of Germany*. New York: C. S. Francis and Company, 1855.

Hepp, Valentijn. *Dr. Herman Bavinck*. *Amsterdam*: W. Ten Have, 1921.

Janet, Paul. *Traité élémentaire de philosophie: à l'usage des classes*. Paris: Delagrave, 1889.

Jodl, Friedrich. *Lehrbuch der Psychologie*. Stuttgart: J. G. Cotta'sche

Buchhandlung Nachfolger GmbH., 1903.

Kruger, Paul. *The Memoirs of Paul Kruger: Four Times President of the South African Republic*. Vol. 2. London: T. Fisher Unwin, 1902.

Kuyper, Abraham. "The Blurring of the Boundaries." *Abraham Kuyper: A Centennial Reader*, edited by James Bratt, 363–402. Grand Rapids: Eerdmans, 1998.

_____. *Lectures on Calvinism*. Grand Rapids: Eerdmans, 1931.

_____. *Scholarship: Two Convocational Addresses on University Life*. Grand Rapids: Christian's Library Press, 2014.

Laman, H. W., ed. *Wandelen door geloof: overdenkingen van de gereformeerde predikanten*. Netherlands: Gereformeerd Tractaatgenootschap "Filippus," 1930.

Lamennais, Hugues-Félicité Robert de. *Paroles d'un croyant*. Paris: Bibliotheque Nationale, 1897.

Landwehr, J. H. *Prof. Dr. H. Bavinck. Kampen*: J. H. Kok, 1921.

Lindberg, Carter. "The Blood of the Martyrs: The Reformation in the Netherlands." *The European Reformations*. Oxford: Wiley Blackwell, 2010, 282–92.

Luther, Martin. *Martin Luther's Tabletalk*. Edited by William Hazlitt. Fearn, Scotland, UK: Christian Focus Publications, 2003.

Matthews, W. K. "The Japhetic Theory." *The Slavonic and East European Review* 27, no. 68 (December 1948): 172–92.

Müller, Max. *Das Denken im Lichte der Sprache*. Leipzig: Engelmann, 1888.

_____. *Vorlesungen über die Wissenschaft der Sprache*. I Serie. 3rd ed. Leipzig: J. Klinkhardt, 1875.

Multatuli. *Ideeën* I. Amsterdam: Funke, 1879.

_____. *Max Havelaar, of de koffie-veilingen der Nederlandsche Handel-*

Maatschappy. Amsterdam: De Ruyter, 1860.

Nancy, Jean-Luc. *Les Muses. Paris*: Editions Galilée, 1994.

Potgieter, E. J. *De werken*, Deel I. Edited by J. C. Zimmerman. Haarlem: H. D. Tjeenk Willink, 1908.

Rousseau, Jean-Jacques. *Oeuvres complètes de J. J. Rousseau: Emile, Tome II*. Paris: Dupont, 1823.

Rückert, Friedrich. *Die Weisheit des Brahmannen: ein Lehrgedicht in Bruchstücken*. Vol. 4. Leipzig: Weidmann, 1841.

Schillebeeckx, Edward. *The Collected Works of Edward Schillebeeckx Volume 4: World and Church*. London: T&T Clark, 2014.

_____. *For the Sake of the Gospel*. *New York*: Crossroad, 1990.

Schleyer, Johann Martin, Alfred Kirchhoff, and Klas August Linderfelt. *Volapük: Easy Method of Acquiring the Universal Language*. C. N. Caspar, 1888.

Sincerus. De Kanselontluistering in de Ned. Herv. Kerk tijdens de 17de en 18de eeuw aangewezen en gestaafd. Amsterdam, 1852.

Stöckl, Albert. *Lehrbuch der Philosophie*. 6th ed. I. Mainz: F. Kirchheim, 1887.

Theremin, Franz. *Demosthenes en Massillon: Eene bijdrage tot de geschiedenis der welsprekendheid*. Translated by J. Schade 's-Gravenhage: J. M. van 't Haaff, 1847.

Van Oosterzee, *Johannes Jacobus. Practische theologie: een handboek voor jeugdige godgeleerden*, Deel 1. Utrecht: Kemink, 1877.

Van Prinsterer, Guillaume Groen. *Groen van Prinsterer's Lectures on Unbelief and Revolution*. Translated by Harry van Dyke. Jordan Station, Canada: Wedge Publishing Foundation, 1989.

_____. *Ongeloof en revolutie. Eene reeks van historische voorlezingen*. Leiden: S. and J. Luchtmans, 1847.

Van Vloten, J. *Nederlandsch dicht en ondicht der negentiende eeuw*. Deventer:
A. ter Gunne, 1861.

Wit, Willem J. de, " 'Will I remain standing?': A Cathartic Reading of Herman
Bavinck." *The Bavinck Review* 2 (2011): 25.

색인

인명 색인

헤르만 바빙크의 설교론

주제 색인

혜르만 바빙크의 설교론

헤르만 바빙크의 설교론

계시철학

개정·확장·해제본

헤르만 바빙크 지음 | 박재은 옮김 및 해제 | 27,000원 | 548쪽

바빙크는 『계시 철학』을 통해 초자연과 자연을 연결하는 하나님의 계시에 대한 믿음이 모든 불신 사상을 대처할 기독교 신앙과 세계관의 토대임을 역설합니다. 실제로 이 책은 철학과 문화 전반에 대한 깊은 성경적 비판과 대안적 통찰로 가득 채워져 있습니다. 기독교적 앎과 삶의 토대를 갖추려는 사람이라면 꼭 읽어야할 책입니다.

헤르만 바빙크의 기독교 세계관

혼돈의 시대를 살아가는 그리스도인을 위한 치유

헤르만 바빙크 지음 | 김경필 옮김 | 강영안 해설 | 15,000원 | 248쪽

바빙크는 온갖 사상이 범람하는 시대 상황에서 오직 하나님께서 사유와 존재를 합치하도록 세상을 창조하셨으며, 그리스도의 십자가만이 죄로 인한 분열을 치유한다는 것을 말하는 기독교 세계관만이 참된 세계관이라고 주장합니다. 본서를 통해서 독자들은 기독교 세계관이 이 시대를 향해 제공하는 학문적 사상적 치유와 회복을 얻을 수 있을 것입니다.

헤르만 바빙크의 찬송의 제사

신앙고백과 성례에 대한 묵상

헤르만 바빙크 지음 | 박재은 옮김 | 14,000원 | 208쪽

신앙고백의 본질과 의미, 그리고 그 실천을 교회 언약 공동체의 은혜의 방편인 성례의 의미를 통해 때로는 날카롭고, 때로는 잔잔하게 그려내는 책입니다. 갈수록 공적 신앙고백과 성례의 진중함과 깊은 의미가 퇴색되어가고 형식적으로만 남는 이 시대에 신앙고백과 세례, 입교, 유아세례, 그리고 성찬의 의미를 다시 한번 굳건히 되새기는 기회가 될 것입니다.